JN247319

東晉南朝における傳統の創造

戸川貴行 著

汲古叢書126

汲古書院

目次

序　章……3

第一編　東晉南朝の軍事體制……9

第一章　魏晉南朝の民爵賜與について……11

はじめに……11

第一節　軍功賜爵と兵制、財政の關係……12

第二節　民爵賜與と籍田儀禮……21

小　結……29

第二章　東晉、宋初の「五等爵」について
——民爵との關連を中心としてみた——……43

はじめに……43

第一節　「五等爵」と劉裕起義の關係……46

第二節　「五等爵」の實態……51

小　結……55

第三章　劉宋孝武帝の戸籍制度改革について……65
はじめに……65
第一節　詔における「伐蠻の家」の實體……68
第二節　「鰥貧疾老」の解釋と戸籍制度改革の意義……72
第三節　黄籍戸への民爵賜與と戸籍制度改革に對する抵抗……80
小　結……85
第四章　東晉南朝の建康における華林園について
——「詔獄」を中心としてみた——……91
はじめに……91
第一節　宋齊時代の華林園における「詔獄」……94
第二節　華林園の軍事的機能……99
小　結……107
第二編　東晉南朝の天下觀……115
第一章　東晉南朝における天下觀について
——王畿、神州の理解をめぐって——……117
はじめに……117
第一節　東晉前期の王畿、神州について……118

第二節　東晉後期より劉宋文帝期までの王畿、神州について……126
小　結……133
第二章　劉宋孝武帝の禮制改革について
——建康中心の天下観との關連からみた——……137
はじめに……137
第一節　明堂の建設……140
第二節　五輅の製造……144
第三節　南　巡……147
小　結……151
第三章　東晉南朝における建康の中心化と國家儀禮の整備について……157
はじめに……157
第一節　東晉の建康と國家儀禮の關係……158
第二節　南朝の建康と國家儀禮の關係……161
第三節　江南政權における郊廟儀禮の實態……164
小　結……169
第四章　東晉南朝における傳統の創造について
——樂曲編成を中心としてみた——……175
はじめに……175

第一節　劉宋孝武帝期における樂曲改革と中原恢復との關係……177
第二節　劉宋孝武帝による樂曲改革が南北朝、隋唐に與えた影響……184
小　結……196

終　章……201

あとがき……207
初出一覽……210
索　引……*1*

東晉南朝における傳統の創造

序章

中國の歴史が漢族と北方の騎馬遊牧民との様々な交渉、抗争の展開であったことは周知の事柄であろう。そうした交渉、抗争は極めて古くから存在するが、とくに四世紀以降になると、北方の騎馬遊牧民が強力な騎馬軍によって中原を支配するといった現象が見られるようになる。その結果、漢族は避難先の江南で亡命政権を樹立した。三一八年に成立した東晉、續く宋、齊、梁、陳（以下、南朝とよぶ）はそうした漢族による政權である。

東晉南朝史の研究には、歴史學の立場からみたとき主として二つの研究方法が存在する。その一は貴族制に關する研究であり、貴族の大土地所有、婚姻關係、彼らが累世官僚となる官吏登用法（九品官人法）、貴族とその社會的基盤とされる宗族、鄉黨の關係など、様々な視角から行われた。それ故、中村圭爾氏は、貴族制について「この時代のすべての歴史的現象の特殊な性格を集中的に表現する」(1)という理解を示している。

ただし、こうした研究にも問題點があるように思われる。たとえば東晉南朝の貴族制については、曹魏・西晉との連續性が指摘される。しかし、曹魏・西晉は中原、東晉南朝は江南を本據地とする王朝である。貴族制は曹魏・西晉の中原で生まれたのであるが、とすれば、それが何故、東晉南朝の江南においても存在するようになったのであろうか。その説明として、江南に避難してきた貴族が中原の先進的な制度・思想により、南方僻遠の地にある江南を主導ひいては壓倒したためという指摘がしばしばなされる。確かにこうした點が全くなかったわけではないが、そのような見方を强調すると、江南の特殊性が「邊境」という形で否定的にとらえられ、その制度・思想などを積極的に評價する姿勢が生まれにくくなるであろう。

他方、貴族制はこの時代のすべての現象に關係するものでなく、「貴族制以外に存在する多くの貴族制と無關係な制度や存在と竝存するような一制度にすぎない」(2)という考え方も存在する。これが研究方法の二である。

しかし、右の視角にも問題がないわけではない。なぜなら貴族制以外の制度や存在が相互に關連せずただ雜多に竝存するのみでは、この時代を特徴づける新たな研究は生まれないと考えられるからである。では、そうした點を克服する研究は全く存在しないのであろうか。この點についてまず想起されるのは、例えば蠻といった漢族以外の者の役割を重視し、漢族中心の歴史觀を相對化せんとする研究であろう。この他にも優れた個別研究はある。しかし、それらが貴族制の研究と比べて遜色ないほどの研究成果があり、かつ體系化される域に達しているかといえば、そうとは言い切れない。

蠻は江南を中心として存在するだけに、江南特有の樣相を積極的に評價することにつながるであろう。しかし、貴族制と種族の問題は質的に相違する面をもっており、また江南の蠻は華北の胡族のように政權の支配層になれなかった。さらに、彼ら自身が殘した史料も限られている。從って、蠻の問題は江南のもつ特徴の一つではあったが、(3)それは國家の制度・思想如何という見地からみた際、當該時代の問題としては部分的とならざるを得ないとされよう。

では、こうした研究方法上の問題を克服するためには、その他に如何なる方法が考えられるであろうか。その問いに對する解答の一つとして、筆者は本書において僑民の土着化という點に注目した。冒頭で述べたように、東晉は華北からの避難民によって樹立されたが、こうした避難民は僑民と呼ばれている。(4)彼らは當初、中原の制度・思想により江南を支配したが、そうした制度・思想は彼らの江南への土着化につれ變化して行く。その結果、僑民の二世、三世の中には祖先の故郷である中原でなく、自らが生まれ育った江南に親近感を覺える者が生じるようになる。とすれば、このような僑民の土着化とともに、中原ではなく江南に立脚した制度・思想の出現も想定されるであろう。

本書はかかる問題を軍事體制、天下觀といった視角から考察しようとするものである。より具體的に述べれば、東晉王朝の軍事體制、天下觀はともに中原の重視という點で僑民の存在と深く關わっていたが、それが土着化とともに如何に變化するのかを明らかにし得れば、右の問題の解明につながるであろう。以下ではこうした問題意識の下、①東晉南朝における軍事體制は如何なるものであり、それはどのように變化したのか、②中原恢復の可能性が低下していくなかで、王朝の天下觀には如何なる變化があったのかを追究する。

本論に入る前に、右の問題にかかわる代表的な先學の理解を紹介し、以下の考察がそれらと如何なる關連を有するのかについて述べておく。

まず僑民が掌握していた軍事體制については、濱口重國、安田二郎兩氏らによる研究があるが、それらは端的に言って東晉時代の兵士が僑民によって世襲されていたことを明らかにしたものである。(5)ただし、本書で述べるように、僑民のなかには東晉後半ごろからその土着化にともない、建康を天下の中心と考える者がみられるようになり、さらには北魏の華北統一、元嘉二十七年(四五〇)の北伐失敗により中原恢復の可能性は極めて低くなった。こうした僑民をめぐる變化と兵制の展開がどのような關係にあるのかという點について、從來、明確に論じられることはなかった。本書ではこの點について、從來の研究でいまだ指摘されることのなかった、民爵の復活と江南土着民の軍事參加との關係如何という見地から論じ、それが中原恢復に代わる國家の結集點を軍事を中核とした帝權强化に求める改革につながったことを述べる。

一方、天下觀の問題であるが、かつて陳寅恪氏は東晉南朝についてその國家儀禮が曹魏・西晉の傳統を繼承したとされ、こうした見方はたとえば江南貴族制の本質が中原の先進文化であるとした川勝義雄氏、東晉が中原の先進文化を誇示するために禮制に異様なほど關心をはらいそれが南朝にも受け繼がれたとする中村圭爾氏のように曹魏・西晉の傳統を繼承した東晉南朝という國家觀を醸成した。(6)

確かにそうした點が全くなかったわけではないが、先述したように、このような見方を强調すると江南の特殊性が「邊境」という形で否定的にとらえられ、その制度・思想などを積極的に評價する姿勢が生まれにくくなるであろう。これに對し、本書はそうした傳統文化が中原恢復という軍事目標を掲げた東晉でほぼ喪失、忘却されたという、これまでになかった新たな視點から再檢討し、それが僑民の土着化、ひいては建康を天下の中心とする考えとともにどのようにして再構築され、南朝をへて後に中國を再統一する隋唐に影響を與えたのかについて論じる。

本書はかかる軍事體制と天下觀の關係如何といった問題を考察し、もって中國古代における傳統の創造が如何になされたのかについてその一端を解明せんとするものである。

註

（1）中村圭爾『六朝政治社會史研究』四九三頁（汲古書院、二〇一三年）參照。

（2）中村氏註（1）著書四九三～四九四頁參照。

（3）蠻についての代表的論文として、我が國では、河原正博「宋書州郡志に見える左郡・左縣」（『法政史學』第一四號、一九六一年。のち『漢民族華南發展史研究』第一編第二章、吉川弘文館、一九八四年所收）、谷口房男「宋・齊時代の蠻」（『白山史學』第一四號、一九六八年）、同氏「後漢時代の武陵蠻」（『東洋大學紀要　文學部篇』第二三集、一九六九年）、同氏「三國時代の武陵蠻」（『白山史學』第一五・一六合併號、一九七一年）〈のち『華南民族史研究』第一編第一～三章、緑蔭書房、一九九六年所收〉、同氏「南北朝時代の蠻酋」（魏晉南北朝時代の基本問題編集委員會『魏晉南北朝時代の基本問題』汲古書院、一九九七年）、同氏「南朝の左郡左縣」（『東洋大學文學部紀要』第六五集〈史學科篇第二九號〉、二〇〇三年）〈のち『續華南民族史研究』

第一編第一・二章、緑蔭書房、二〇〇六年所收)、川勝義雄「孫呉政権と江南の開發領主制」(中國中世史研究會編『中國中世史研究』東海大學出版會、一九七〇年。のち『六朝貴族制社會の研究』第Ⅱ部第二章、岩波書店、一九八二年所收)、川本芳昭「六朝期における蠻の漢化について」(『史淵』第一一八輯、一九八一年)、同氏「六朝における蠻の理解についての一考察——山越・蠻漢融合の問題を中心としてみた——」(『史學雜誌』第九五編第八號、一九八六年)、同氏「蠻の問題を中心としてみた六朝期段階における各地域の狀況について」(『史淵』第一三二輯、一九九五年)、同氏「蠻の問題を中心としてみた六朝期段階における各地域の狀況について(その二)」(『九州大學東洋史論集』第二三號、一九九五年)〈のち『魏晉南北朝時代の民族問題』第四篇第一～三章、汲古書院、一九九八年所收〉、關尾史郎「山越の『漢化』についての覺書」(『上智史學』第三四號、一九八九年)などがある。

一方、中國では、陳寅恪「魏書司馬叡傳江東民族條釋證及推論」(『中央研究院歷史語言研究所集刊』第一一本第一分、一九四四年。のち『陳寅恪集　金明館叢稿初編』三聯書店、二〇〇一年所收)、唐長孺「孫呉建國及漢末江南的宗部與山越」(『魏晉南北朝史論叢』三聯書店、一九五五年。のち『唐長孺文集』一、中華書局、二〇一〇年所收)、朱大渭「南朝少數民族概況及其與漢族的融合」(『中國史研究』一九八〇年第一期、一九八〇年。のち『六朝史論』中華書局、一九九八年所收)などがある。

(4) 僑民に關する古典的研究として、岡崎文夫「南朝貴族制の起源、竝に其成立に到りし迄の經過に就ての若干の考察」(『史林』第一四卷第二號、一九二九年。のち『南北朝に於ける社會經濟制度』下篇第四章、弘文堂、一九三五年所收)、周一良「南朝境內之各種人及政府對待之政策」(『中央研究院歷史語言研究所集刊』第七本第四分、一九三六年。のち『周一良集』第一卷、遼寧教育出版社、一九九八年所收)、守屋美都雄「南人と北人」(『東亞論叢』第六輯、一九四八年。のち『中國古代の家族と國家』家族篇第四章、東洋史研究會、一九六八年所收)があるが、その後の研究は主としていわゆる貴族制、僑州郡縣、土斷との關連をめぐって展開し、本書でとりあげる僑民の土着化による軍事體制・天下觀の變容の關係如何といった新視點からする考察は、管見の及ぶ限りではあるが、あまり見受けられないように思われる。

(5) 濱口重國「魏晉南朝の兵戶制度の研究」(『山梨大學學藝學部紀要』第二號、一九五七年。のち『秦漢隋唐史の研究』上卷第一部第一〇、東京大學出版會、一九六六年所收)、安田二郎「僑州郡縣制と土斷」(川勝義雄・礪波護編『中國貴族制社會の研

究』京都大學人文科學研究所、一九八七年。のち『六朝政治史の研究』第Ⅲ編第一一章、京都大學學術出版會、二〇〇三年所收）參照。濱口氏は、東晉王朝が常備軍の再整備のため、兵戸に新たに僑民を多數あてる施策を積極的に行ったことを示唆しておられるが（同氏前掲書三九七頁）、この點の詳しい追究は本書第一編第三章でおこなう。

なお、僑民の南下とその影響について、我が國では僑民の土着政策である土斷、および僑民のつく戶籍である白籍についての研究が中心になされた（中村圭爾『六朝江南地域史研究』八～一三頁、汲古書院、二〇〇六年）。このうち本論と關わるのは、白籍と兵役負擔の關係についてである。この問題を最初に論じたのは、山崎孝雄「義熙土斷に於ける晉陵郡の除外について」（『史海』第七號、一九六〇年）であり、その後、安田氏前掲論文によって解明がなされた。筆者は兩氏の見解に贊同するものである。なお、安田氏は「二重屬籍制」、「白籍土斷」という考え方をとり、從來の說とは違う新見解を出しておられる。

また、周氏註（4）論文より後の中國の研究について、中村圭爾氏は「この問題は、その後あまりとりあげられなかったようであるが、八〇年代後半からまた論題となり、西東晉間の流民の組織內容や王朝側の對策、社會や政治への影響を總合的に論じた曹文柱、流民が流寓先での經濟開發にはたした役割をあきらかにした童超と萬繩南の論文が出ている。」（同氏註（5）著書二三頁）と述べる。近年では、胡阿祥氏による僑州郡縣制についての精力的な研究がある（同氏『六朝疆域與政區研究』學苑出版社、二〇〇五年。同氏編著『宋書州郡志匯釋』安徽教育出版社、二〇〇六年。同氏『東晉南朝僑州郡縣與僑流人口研究』江蘇教育出版社、二〇〇八年）。

ただし、兩國における研究には、僑民の存在と深く關わっていた東晉王朝の軍事體制、天下觀が、その土着化とともに緊密な關連をもって如何に變容するのかという視角からの考察はあまり見受けられない。

（6）陳氏『隋唐制度淵源略論稿』（商務印書館〈重慶〉、一九四〇年。のち『陳寅恪集　隋唐制度淵源略論稿　唐代政治史述論稿』三聯書店、二〇〇一年所收）、川勝義雄「東晉貴族制の確立過程」（『東方學報』第五二冊、一九七九年。のち同氏註（3）著書第Ⅱ部第四章所收）、中村氏「南朝國家論」（『岩波講座　世界歷史』第九卷、岩波書店、一九九九年。のち同氏註（1）第二編第一三章所收）參照。なお、東晉に西晉の遺產が繼承されたという陳氏の說を受け、中村氏はそうした繼承を「純粹培養」と表現しておられる。

第一編　東晉南朝の軍事體制

第一章　魏晉南朝の民爵賜與について

はじめに

表題に掲げた魏晉南朝の民爵について、かつて西嶋定生氏は、漢代の民爵の等級と齒位が一致することから、郷飲酒禮を通じた個別人身的支配を提唱し、そうした體制は漢末以降、里制の崩壞とともに崩壞していき、三國時代以降、ときおり賜與される民爵の效力は空に歸していたとされた。(1) しかし、こうした見解には、以下のような檢討すべき點があると思われる。

その一は、右の說に對する增淵龍夫、籾山明兩氏の所說との關係についてである。增淵氏は、爵位と齒位が一致するのは、「たまたま結果として」であり、「漢の高祖が漢の社稷を立て民に爵一級を賜わったときから、そのような結果をあらかじめ豫想して、……級數をもってする民爵授與の方法を定めたのではあるまい。」とされる。(2) これを踏まえて、籾山氏は、民爵が民間の社會秩序の形成と無關係で、本來生命を賭して獲得すべき褒賞であり、それゆえに民爵を無對價で賜與することは、王權への軍事的奉仕を期待することとされた。(3) 筆者は增淵、籾山兩氏の考えに贊同するものであるが、(4) 西嶋氏の爵制論の重要な前提の一つである爵位と齒位とが結びつかないとすると、三國時代以降、賜與される民爵の效力は空に歸したとする氏の見解は、その前提自體が成り立ち得ないものとなるので再檢討の餘地があることになるであろう。

その二は、當該時代において、國家の慶事に際し行われた民爵賜與の事例を網羅的に檢索して得られる事柄、すなわち民爵は漢代よりも南朝の方が頻繁に賜與されているという事柄と、從來の見解との齟齬である。いま、魏晉南朝の民爵賜與の回數を王朝ごとに示すと、曹魏六回、西晉一回、東晉一回、劉宋十三回、南齊六回、梁二十一回、陳十六回となる（後掲附表參照）。民爵賜與の割合は、南朝では百七十年間に五十六回、つまり、單純に計算すると、170÷56＝3.03……で約三年に一回の割合ということになる。これに對し、漢代では四百二十六年間に民爵は九十回賜與されたから（この場合、王莽の新、更始帝の時代も含むものとする）[5]、426÷90＝4.73……で約五年に一回の割合である。つまり、民爵賜與の割合からすれば、南朝の方が漢代より多いのであり、これを「ときおり」にしか賜與されなかったということはできないのである。そうであるとすれば、效力は空に歸していたはずの民爵が、なぜ南朝において漢代よりも頻繁に賜與されたのであろうか。そこには當然、何かしらの意味があるはずであろう。

以上のことを踏まえ、本章は魏晉南朝、とりわけ南朝において民爵賜與がどのような狙いを以て行われたのかについて、兵制と財政、籍田儀禮などとの關係から追究し、以て當該時代において民爵賜與のもった歴史的意味を解明しようとするものである。

第一節　軍功賜爵と兵制、財政の關係

本節では、まず魏晉南朝における民爵についての狀況を概觀し、次いで南朝において民爵賜與がどのような狙いを以て行われたのかについて考察することとする。

さて、魏晉南朝における民爵の狀況のうち、曹魏について、『藝文類聚』卷五一封爵部、總載封爵の條に、王粲「爵

論」の佚文を載せて、

律に依れば奪爵の法有り。此れ古 爵行はるる時、民 爵を賜はれば則ち喜び、爵を奪はれば則ち懼る。故に奪爵を以て法とすべきを謂ふなり。今ま爵の事 廢る。民 爵の何者なるかを知らざるなり。之を民より奪ふも亦た懼れず、之を民に賜ふも亦た喜ばず。是れ文書を空設して用無きなり。今ま誠に爵に循へば、則ち上下 實を失はず、而して功勞ある者勸み、古の道を得、漢の法に合ふ。貨財を以て賞と爲せば、供すべからず。復除を以て賞と爲せば、租稅 損減す。爵を以て賞と爲せば、民勸みて費省く者なり。故に古人 爵を重んずるなり。（依律有奪爵之法。此謂古爵行之時、民賜爵則喜、奪爵則懼。故可以奪爵而法也。今爵事廢矣。民不知爵何者也。奪之民亦不懼、賜之民亦不喜。是空設文書而無用也。今誠循爵、則上下不失實、而功勞者勸、得古之道、合漢之法。以貨財爲賞者、不可供。以復除爲賞者、租稅損減。以爵爲賞者、民勸而費省者。故古人重爵也。）

とあり、當該時代に民爵が廢れていたこと、民爵には功勞をあげた庶民に對する褒賞としての役割があったことなどが示されている。また、『太平御覽』卷一九八封建部一、爵の條に、「爵論」の別の佚文を載せて、

爵 一級より轉じて十級に登り、而して列侯と爲る。譬ふるに猶ほ秩百石より轉遷し、而して公に至るがごときなり。而るに近世 人を賞するに、皆な等級に由らず、從りて爵封無く列侯無し。其の所以を原ぬるに、爵 廢るるの故なり。司馬法に曰はく、賞 時を踰えざるば、民速かに善を爲すの利を觀んと欲すればなり、と。近世 爵廢れ、人に小功有るも以て賞する無きなり。乃ち焉を積累し、事を須けて 乃ち侯に封ずるに足る。速かに爲して時に及ぶ所以に非ざるなり。古比を上觀するに、高祖の功臣及び白起・衞鞅、皆な稍く爵を賜はり五大夫・客卿・庶長と爲り以て侯に至る。一頓にして封ずるに非ざるなり。夫れ稍稍として爵を賜へば、功の大小と相稱ひ、而して倶に登り既に其の義を得。且つ侯次に緒有れば、慕進する者をして之を逐ひて倦まざらしむるなり。（爵自一

級轉登十級、而爲列侯。譬猶秩自百石轉遷、而至於公也。而近世賞人、皆不由等級、從無爵封無列侯。原其所以、爵廢故也。司馬法曰、賞不踰時、欲民速觀爲善之利也。近世爵廢、人有小功無以賞也。乃積累焉、須事足乃封侯。非所以速爲而及時也。上觀古比、高祖功臣及白起・衞鞅、皆稍賜爵爲五大夫・客卿・庶長以至於侯。非一頓而封也。夫稍稍賜爵、與功大小相稱、而倶登既得其義。且侯次有緒、使慕進者逐之不倦矣。）

とあり、當該時代に民爵が廢れていたため、軍功を擧げるたびに賜爵されついには列侯にいたる者がいなくなったこと、民爵が廢れたのは庶民が軍功をあげても、それに對し褒賞することがなくなったためであることなどが述べられている。

西晉については、『晉書』巻三武帝紀に、泰始元年（二六五）十二月丙寅、司馬炎が皇帝の位に即き祭天の儀禮を行ったときのことを載せて、

是に於いて大赦し、改元す。天下に爵人ごとに五級、鰥寡孤獨の自ら存すること能はざる者に穀人ごとに五斛を賜ふ。（於是大赦、改元。賜天下爵人五級、鰥寡孤獨不能自存者穀人五斛。）

とあり、庶民に民爵「五級」が賜與されたことが傳えられている。周知のように、國家の慶事に際し一般庶民に民爵が賜與される場合、前漢ではほとんど一級であり、後漢では二級であった。[6] また、後掲附表に見られるように、曹魏においても庶民に賜爵される場合、そのほとんどが二級であった。さらに、管見の及ぶ限り、右は西晉に民爵賜與が行われたことを示す唯一の事例である（後掲附表參照）。こうしたことを、このとき民爵が「五級」も賜與されていること及び當該時代にこれ以後、民爵が賜與された事例がないことと合わせ考えると、西晉における民爵賜與は王朝交代に付隨した形式的なものであったことが窺える。

東晉については、『晉書』巻七一熊遠傳に、元帝のときのこととして、

中興 建つるに及び、帝 諸吏の刺を投じ觀進する者に加位二等を賜ひ、百姓の刺を投ずる者に司徒吏を賜はんと欲す。凡て二十餘萬。（熊）遠 以爲らく、秦漢 赦に因りて爵を賜ふは、長制に非ざるなり。今ま案ずるに刺を投ずる者 獨り近き者は情重きのみならず、遠き者は情輕し。漢の法例に依りて、天下に爵を賜ふべし。恩に於いて普爲り、偏頗の失無く、以て檢覈の煩を息め、巧僞の端を塞ぐべし、と。帝從はず。（及中興建、帝欲賜諸吏投刺觀進者加位二等、百姓投刺者賜司徒吏。凡二十餘萬。遠以爲、秦漢因赦賜爵、非長制也。今案投刺者不獨近者情重、遠者情輕。可依漢法例、賜天下爵。於恩爲普、無偏頗之失。可以息檢覈之煩、塞巧僞之端。帝不從。）

とあり、秦漢にならい民爵を賜與するよう勸めた熊遠の上言に對し、元帝はそれに從わなかったことが傳えられている。後揭附表に見られるように、當該時代には、その末に桓玄が卽位したときを除けば(7)、民爵賜與は一度も行われなかった。

右より、西晉には司馬炎卽位のときのみ民爵賜與がなされ以後は行われていないこと、東晉ではその末に桓玄が卽位したときを除いて民爵は賜與されなかったことが窺えるが、これは晉代において民爵賜與が王朝交代を告げる形式的なものとしてのみ機能していたことを物語っていよう。

では、なぜ民爵は廢れてしまったのであろうか。この點について、王粲は先に引いた『太平御覽』所載の「爵論」のなかで、民爵が廢れたのは庶民が軍功により褒賞されることがなくなったためであるとしている。いまこの點についてさらに考えてみよう。

周知のように、後漢末から曹魏にかけて、民の流寓逃亡や彼らの大家豪族への蔭附により、常備軍の母體を一般庶民に置くことが困難となった。そうした狀況の中から、兵戶制が生まれ(8)、軍事力の主體は一般庶民から兵戶に移った。その結果、王朝が庶民に求める最大のものは、兵役でなく税役の義務となった(9)。右から、庶民が軍功により褒賞されなくなったのは、國軍の主力を庶民に求めていた兵制の崩壊と、それに代わる兵戸制の成立によって、彼らが兵士として戰爭に參加する機會が少なくなったことが原因の一つにあったと考えられる。

次に、南朝についてであるが、「はじめに」で述べたように、國家の慶事に際しての賜爵は漢代よりも頻繁に行われていた。また、『宋書』巻八二周朗傳に、孝武帝が卽位したときの周朗による上書を載せて、

今ま江より以南、在所 皆な穰り、食有るの處、須らく官 役を興すべし。宜しく遠近の能く五十口を食ふこと一年なる者を募り、爵一級を賞すべし。（今自江以南、在所皆穰、有食之處、須官興役。宜募遠近能食五十口一年者、賞爵一級。）

とあり、遠近から納粟者を募集し、彼らに民爵一級を賜與すべしとしたことが傳えられている。結局、周朗の上書は、

書奏 旨に忤ひ、自ら解きて職を去る。（書奏忤旨、自解去職。）

とあり、孝武帝の意に添うものでなかったことが記されているが、後掲附表にもみえるように、その後、孝武帝が民爵を頻繁に賜與するようになったことを踏まえると、このときの周朗の議論は一定程度、帝に影響を與えたとされよう。

さらに、『陳書』巻五宣帝紀に、太建十年（五七八）四月庚戌の詔を載せて、

近歲 薄伐して、淮・泗を廓清す。鋒を摧き果を致し、文武 力を畢くし、風に櫛り雨に沐ひ、寒暑 亟々離、功を念ふこと茲に在り、終食も忘るること無し。宜しく榮賞を班ち、用て厥の勞に酬ゆべし。應に軍に在るべき者 竝びに爵二級を賜ふべし。（近歲薄伐、廓清淮・泗。摧鋒致果、文武畢力、櫛風沐雨、寒暑亟離、念功在茲、無忘終食。宜班榮賞、用酬厥勞。應在軍者可竝賜爵二級。）

とあるように、南朝の民爵が庶民の軍功に對する褒賞として賜與された事例が存在する。『魏書』巻七下高祖紀下に、

太和十七年（四九三）十月乙未の詔を載せて、

京師及び諸州の戎に從ふ者 爵一級を賜ひ、募に應ずる者 二級を加へ、主將 三級を加ふ。（京師及諸州從戎者賜爵一級、應募者加二級、主將加三級。）

とあることから、こうした南朝の民爵制度は北魏の孝文帝にも影響を與えたものと考えられる。(10)

では、南朝において民爵の復活はどのような狙いを以て行われたのであろうか。先に魏晉において民爵が廢れたのは、國軍の主力を庶民に求めていた兵制の崩壊と、それに代わる兵戸制の成立によって、庶民が兵士となって戰爭に參加することが少なくなったためであると述べた。周知のように、兵戸制は東晉末から劉宋初にかけて崩壊したが、そののち徵兵、募兵が行われるようになった。(11) これとときを同じくして、南朝において民爵賜與が漢代よりも頻繁に行われるようになる。このことは單なる偶然なのであろうか。以下ではこの點について、庶民の戰爭參加とそれに對する褒賞といった點から見てみよう。

言うまでもなく、當該時代に行われていた徵兵の兵源は庶民であった。そのことは、元嘉二十七年（四五〇）に文帝が北伐を行った際、國境付近の南兗州において、當時「三五門」と呼ばれていた庶民を對象に有名な七條徵發を行ったことや、(12)『南齊書』巻四四沈文季傳に、南齊武帝の永明三年（四八五）、唐寓之が反亂を起こしたときのこととして、

寓之 銭塘に至るや、銭塘令劉彪・戍主聶僧貴 隊主張玗を遣はして小山に於いて之を拒ましむ。力 敵せずして、戰敗す。寓之 抑浦に進み岸に登り、郭邑を焚く。彪 縣を棄てて走る。文季 又た呉・嘉興・海鹽・鹽官の民丁を發して之を救ふ。（寓之至銭塘、銭塘令劉彪・戍主聶僧貴遣隊主張玗於小山拒之。力不敵、戰敗。寓之進抑浦登岸、焚郭邑。彪棄縣走。文季又發呉・嘉興・海鹽・鹽官民丁救之。）

とあるように、その鎭壓にあたり民丁が徵兵され、また『南齊書』巻五八蠻傳に、永明九年のこととして、

安隆內史王僧旭 民丁を發し、寬城戍主萬民和を遣はして、八百丁村蠻を助け、千二百丁村蠻を伐たしむ。（安隆內史王僧旭發民丁、遣寬城戍主萬民和、助八百丁村蠻、伐千二百丁村蠻。）

とあるように、蠻討伐の際、同様の施策がなされたことなどからも確認できる。

では、南朝の募兵については如何であろうか。彼らは兵戶のような特殊な階層の者から形成されていたのであろうか。『宋書』巻六三沈勃傳に、明帝の泰始中のこととして、

時に北討せんと欲し、勃をして鄉里に還り人を募らしむ。（時欲北討、使勃還鄉里募人。）

とあり、北伐に際し沈勃に鄉里の人を募らせたことが傳えられ、さらに『南齊書』巻五七魏虜傳に、武帝の永明十一年（四九三）、北魏の孝文帝が徐・豫の二州に侵攻してきたときのこととして、

世祖 揚・徐州の民丁を發し、廣く召募を設く。（世祖發揚・徐州民丁、廣設召募。）

とあって、對北朝戰にあたり、民丁を對象に募兵が行われたことが記されている。

右より、徵兵にしても募兵にしてもその兵源は庶民であったとされよう。では、王朝は徵兵あるいは募兵に應じ、軍功をあげた庶民に對して具體的にどのような褒賞を與えたのであろうか。

先に庶民の軍功に對する褒賞として、民爵が賜與されていたことを述べた。さらに、『宋書』巻九五索虜傳に、文帝の元嘉二十七年十二月、北魏の太武帝が南下してきたときのこととして、

能く佛狸伐の頭を斬る者に購ひて、八千戶開國縣公に封じ、布絹 各々萬匹、金銀 各々百斤を賞す。其の子及び弟・僞相・大軍主を斬るもの、四百戶開國縣侯に封じ、布絹 各々五千疋たり。（購能斬佛狸伐頭者、封八千戶開國縣公、賞布絹各萬匹、金銀各百斤。斬其子及弟・僞相・大軍主、封四百戶開國縣侯、布絹各五千疋。）

とあり、『宋書』巻七九竟陵王誕傳に、孝武帝の大明二年（四五八）四月、竟陵王誕が廣陵城で反亂を起こしたときのこ

ととして、

上（孝武帝）章二紐を送らしむ。其の一に曰はく、竟陵縣開國侯、食邑一千戸、誕を禽にするものを募賞す。其の二に曰はく、建興縣開國男、三百戸、先に登るものを募賞す。（上遣送章二紐。其一曰、竟陵縣開國侯、食邑一千戸、募賞禽誕。其二曰、建興縣開國男、三百戸、募賞先登。）

とあるように、通常の軍功に對し民爵を賜與する一方で、敵大將の首を斬ったり捕虜にしたりするなどの大功をあげた者にはその褒賞として封爵を賜與する場合があった。(13)

そのほかにも、冒頭に掲げた『藝文類聚』に引く「爵論」に「貨財を以て賞と爲」し、「復除を以て賞と爲」すとあることから窺えるように、兵士の褒賞として貨財の支給、租税の復除なども行われたであろう。ただし、かかる貨財の支給、租税の復除が、大規模に實施され得たかについては疑問とすべきである。

周知のように、東晉では北方に五胡政權、國内に動搖しがちな豪族、さらには税役に疲弊した庶民を抱えており、なかでも對五胡戰にかかる費用は膨大なものであった。(14)このことは、南朝においても同様であり、『通典』巻七食貨典七、歴代盛衰戸口の條に、劉宋文帝の元嘉二十七年のこととして、

後魏主太武帝 數十萬を以て南伐す。河上の屯戍、相次いで覆敗す。魏師 瓜步に至りて還る。宋の財力、此より衰耗す。（後魏主太武帝以數十萬南伐。河上屯戍、相次覆敗。魏師至瓜步而還。宋之財力、自此衰耗。）

とあり、『南齊書』巻五四顧歡傳に、南齊明帝のときにおける劉思效の上表を載せて、

宋 大明より以來、漸く凋弊を見し、徵賦 往より增す有り、天府 尤も昔しより貧し。兼ねて軍警 屢々興り、傷夷 復せず。戍役の殘丁、儲に半菽無く、小民 嗷嗷として、樂生の色無し。（宋自大明以來、漸見凋弊、徵賦有增於往、天府尤貧於昔。兼軍警屢興、傷夷不復。戍役殘丁、儲無半菽、小民嗷嗷、無樂生之色。）

とあり、『梁書』巻三八賀琛傳に、梁武帝の普通中における賀琛の上奏を載せて、

> 北境を征伐してより、帑藏 空虛す。（自征伐北境、帑藏空虛。）

とあり、『陳書』巻六後主紀の史臣曰の條に、陳の宣帝のときのことを記して、

> 淮・泗を奄有す。戰勝攻取の勢、近古 未だ之れ有らざるなり。既にして君侈り民勞れ、將驕り卒墮り、帑藏 空竭す。（奄有淮・泗。戰勝攻取之勢、近古未之有也。既而君侈民勞、將驕卒墮、帑藏空竭。）

とあって、南朝が對北朝戰のために、しばしば財政難に苦しんでいたことが傳えられている。その結果、『宋書』巻九後廢帝紀、元徽四年（四七六）二月乙未の條にみえる虞玩之の上表を載せて、

> 天府 虛散すること、三十年に垂なんとす。江・荊の諸州、稅調 本と少し。自頃以來、軍募 乏しきこと多し。（天府虛散、垂三十年。江・荊諸州、稅調本少。自頃以來、軍募多乏。）

とあるように、稅徵の少い江・荊の諸州では、定數どおりに募兵を行うこともままならなかった。つまり、こうしたことから庶民の軍功に對する褒賞として、頻繁に貨財の支給や租稅の復除をおこなう體力は當時の國家に期待できなかったと考えられる。

では、民爵の賜與についてはどうであろうか。先述した『藝文類聚』に引く「爵論」に、民爵に功勞をあげた庶民に對する褒賞としての役割があったことを述べたのちに、「貨財を以て賞と爲せば、供すべからず。復除を以て賞と爲せば、租稅 損減す。爵を以て賞と爲せば、民 勸みて費 省く者なり」とある。ここでは、軍功をあげた庶民に對する褒賞として、貨財の支給と租稅の復除を行った場合、財政的負擔が大きいこと、これに對し、民爵を賜與した場合は、前二者と同じ效果が期待できるうえに軍事費を省くこともできるとしている。南朝における民爵の復活が北朝との軍事的緊張が高まるなかで、かかる軍事費の問題と全く無關係であったとは考えがたい。とすれば、對北朝戰などのた

めにしばしば財政難に陥っていた南朝は、その膨大な軍事費を省く狙いもあって、庶民の軍功に對する褒賞として民爵を復活したものと考えられる。

第二節　民爵賜與と籍田儀禮

本節では、魏晉南朝における民爵賜與と籍田儀禮の關係について考察を行う。[15]

まず、論の展開の都合上、魏晉南朝が籍田儀禮を行う場合、その範とした漢代の籍田儀禮について從來の見解を踏まえつつ檢討しておく。「はじめに」で述べたように、籾山氏は、民爵とは本來生命を賭して獲得すべき褒賞であるとし、民爵を無償で庶民男子に賜與するのは軍事的奉仕を期待することであるとされている。この説については、筆者も基本的に贊同するものである。ただ、その場合、『漢書』巻一〇成帝紀に、建始三年（前三〇）三月のこととして、

天下の徒を赦す。孝弟・力田に爵二級を賜ふ。（赦天下徒。賜孝弟・力田爵二級。）

とあるように、なぜ「孝悌」、「力田」に對しても民爵が賜與されるのか、あるいは、『後漢書』本紀二明帝紀に、中元二年（五七）のこととして、

二月戊戌、皇帝の位に卽く。……夏四月丙辰、……天下の男子に爵 人ごとに二級、三老・孝悌・力田 人ごとに三級を賜ふ。（二月戊戌、卽皇帝位。……夏四月丙辰、……賜天下男子爵人二級、三老・孝悌・力田人三級。）

とあるように、何故ときには「三老」、「孝悌」、「力田」に對し、一般の庶民男子より多くの爵級が賜與されることがあったのかという疑問が生じる。[16]

鎌田重雄氏によれば、「三老」は鄉里の豪族の德望家・篤農家、「孝」は親に善く仕える者、「悌」は長幼の序を辨え

た者、「力田」は農耕勵精者のことであった。(17) とすれば、この三者の性格からして、なぜ彼らに一般の庶民より多くの爵級が賜與されているのかという疑問について、皇帝に對する軍事的奉仕という面からのみでは説明し難いように思われる。彼らに對する民爵賜與には、皇帝に對する軍事的奉仕のほかに、何らかの別の狙いがあったことが想定される。

この點に關連して、谷口義介氏は漢代において「三老」以下の鄉官が籍田儀禮と深い關係にあったこと、神農を主神とする當該時代の籍田儀禮は、牛の生産力を神聖視する民間の信仰をふまえてなされたことを指摘しておられる。(18) 谷口氏の見解に従えば、王朝が「三老」をはじめとする鄉官に民爵を一般の庶民男子より多く賜與したのは、それによって鄉里社會の農耕儀禮に重要な役割を果たす彼らを取り込み、民間の農耕儀禮を國家祭祀の體系、秩序に再編せんとしたものと考えられよう。

さらに、「租」はもともと祖先などの祭祀に供する穀物のこと、「税」は生産物のうち一定の割合を上納させたことを意味し、のちに「租」も「税」も互いに通用するようになったことや、(19)『續漢書』志四禮儀志上、耕の條の注に引く「漢舊儀」に、漢代における籍田儀禮の儀式次第を載せて、

春 始めて東のかた藉田を耕し、官 先農を祠る。先農 卽ち神農炎帝なり。祠るに一太牢を以てし、百官 皆な從ふ。大いに三輔二百里の孝悌・力田・三老に帛を賜ひ、百穀萬斛を種う。爲に藉田倉を立て、令・丞を置く。穀皆な以て天地・宗廟・羣神を祭るの祀に給し、以て粢盛と爲す。皇帝 躬ら耒耜を秉りて耕す。古は甸師の官爲り。

（春始東耕於藉田、官祠先農。先農卽神農炎帝也。祠以一太牢、百官皆從。大賜三輔二百里孝悌・力田・三老帛。種百穀萬斛。爲立藉田倉、置令・丞。穀皆以給祭天地・宗廟・羣神之祀、以爲粢盛。皇帝躬秉耒耜而耕。古爲甸師官。）

とあり、籍田の收穫物を「天地・宗廟・羣神を祭るの祀」に供したこと、『後漢書』本紀二明帝紀に、永平十三年（七

○）二月のこととして、

帝 藉田を耕す。禮 畢りて、觀る者に食を賜ふ。（帝耕於藉田。禮畢、賜觀者食。）

とあり、籍田儀禮の際に「觀る者に食」が賜われたことなどをあわせ考えると、漢代の籍田儀禮には國家が祭祀に供することを名目として、田租を徴收することの正統性をアピールする狙いもあったものと考えられる。

籍田儀禮が、右のような性格を持つものであるとすれば、それは國家にとって極めて重要な儀禮である。この點について、『後漢書』列傳五一黄瓊傳に、順帝のときのこととして、

帝 卽位してより以後、籍田の禮を行はず。瓊 國の大典 宜しく久しく廢すべからざるを以て、上疏し奏して曰はく、古より聖帝・哲王、明祀を敬恭して、福祥を增致せざる莫し。故に必ず郊廟の禮を躬らし、籍田の勤を親らし、以て羣萌に先んじ、農功を率勸す。昔し周の宣王 千畝を籍せず。虢文公 以て大譏を爲す。卒に姜戎の難有り、終に中興の名を損ふ。……今ま廟祀 適々闋みて、祈穀絜齋の事、近く明日に在り。臣 左右の心、屢々聖躬を動かすを欲せず、親耕の禮、得て廢すべしと以爲ふを恐る、と。……書 奏せらるるや、帝 之に從ふ。（自帝卽位以後、不行籍田之禮。瓊以國之大典不宜久廢、上疏奏曰、自古聖帝・哲王、莫不敬恭明祀、增致福祥。故必躬郊廟之禮、親籍田之勤、以先羣萌、率勸農功。昔周宣王不籍千畝、虢文公以爲大譏。卒有姜戎之難、終損中興之名。……今廟祀適闋、而祈穀絜齋之事、近在明日。臣恐左右之心、不欲屢動聖躬、以爲親耕之禮、可得而廢。……書奏、帝從之。）

とあり、順帝が卽位以來、籍田儀禮を行っていなかったこと、それに對し黄瓊が「國の大典 宜しく久しく廢すべからざるを以て」上疏し帝がそれに從ったことは、こうした私見を支えるところがあろう。

では、民爵制度が廢れた魏晉において、籍田儀禮の施行狀況はどのようであったのだろうか。曹魏については、『晉書』卷一九禮志上に、

禮、孟春の月、乃ち元辰を擇び、天子 親ら耒耜を載せ、之を參保介と御との間に措き、三公・九卿・諸侯・大夫を帥ゐて躬ら帝藉を耕す、と。秦 學を滅ぼすに至り、其の禮 久しく廢む。漢文帝の後ち、始めて斯の典を行ふ。魏の三祖も、亦た皆な親ら藉田を耕す。（禮、孟春之月、乃擇元辰、天子親載耒耜、措之于參保介之御間、帥三公・九卿・諸侯・大夫躬耕帝藉。至秦滅學、其禮久廢。漢文帝之後、始行斯典。魏之三祖、亦皆親耕藉田。）

とあり、『晉書』巻一九禮志上に、

魏氏 天子 藉を耕すと雖も、藩鎭 諸侯百畝の禮を闕く。（魏氏雖天子耕藉、藩鎭闕諸侯百畝之禮。）

とあって、魏の三祖すなわち武帝、文帝、明帝がそれぞれ籍田儀禮を行ったが、地方の「藩鎭」が「諸侯百畝の禮」を行わなかったことが傳えられている。

つづく西晉については、『晉書』巻一九禮志上に、武帝の泰始四年（二六八）のときのことを載せて、

有司奏すらく、始めて先農を耕祠し、有司をして行事せしむべし、と。詔して曰はく、夫れ國の大事、祀と農に在り。是を以て古の聖王、躬ら帝藉を耕し、以て郊廟の粢盛に供し、且つ以て天下を訓化す。近世以來、耕藉 數步の中に止まり、空しく慕古の名有るも、曾て供祀訓農の實無く、而して百官車徒の費有り。今ま千畝の制を修め、當に羣公卿士と稼穡の艱難を躬らし、以て天下を率先すべし。主者 其の制を詳具し、河南に下り、田地を東郊の南・洛水の北に處け。若し官田無くんば、宜しきに隨ひ便換して、侵人するを得ざらしめよ、と。是に於いて乘輿 木輅を御し以て耕し、太牢を以て先農を祀る。惠帝の後ちより、其の事便ち廢む。（有司奏、始耕祠先農、可令有司行事。詔曰、夫國之大事、在祀與農。是以古之聖王、躬耕帝藉、以供郊廟之粢盛、且以訓化天下。近世以來、耕藉止於數步之中、空有慕古之名、曾無供祀訓農之實、而有百官車徒之費。今修千畝之制、當與羣公卿士躬稼穡之艱難、以率先天下。主者詳具其制、下河南、處田地於東郊之南・洛水之北。若無官田、隨宜便換、而不得侵人也。於是乘輿御木輅以耕、以太牢祀先農。

自惠帝之後、其事便廢。）

とあり、武帝のとき籍田儀禮が行われたが、次の惠帝以降、行われなかったことが記されている。

東晉については、『晉書』巻一九禮志上に、東晉初代の皇帝である元帝について、

江左元帝 將に耕藉を修めんとす。尙書 符問すらく、藉田 至尊は應に躬ら先農を祠るべきやいなや、と。賀循 答ふらく、漢儀に正に至尊 應に躬祭すべきの文有る無し。然るに則ち周禮 王者は四望を祭れば則ち毳冕し、社稷五祀を祭れば則ち絺冕す、と。此を以て親祭の義無しと爲さざるなり。宜しく兩儀注を立つべし、と。賀循等の上る所の儀注 又た未だ詳允ならざれば、事 竟に行はれず。後ち哀帝 復た其の典を行はんと欲するも、亦た遂ぐる能はず。（江左元帝將修耕藉。尙書符問、藉田至尊應躬祠先農不。賀循答、漢儀無正有至尊應躬祭之文。然則周禮王者祭四望則毳冕、祭社稷五祀則絺冕。以此不爲無親祭之義也。宜立兩儀注。賀循等所上儀注又未詳允、事竟不行。後哀帝復欲行其典、亦不能遂。）

とあり、『晉書』巻五六江虨傳に、その後の哀帝について、

（帝）躬自ら藉田せんと欲す。虨 竝びに以爲らく、禮 廢るること日々久しく、儀注 存せず、中興以來 行はざる所なれば、謂へらく宜しく之を停むべし、と。（欲躬自藉田。虨竝以爲、禮廢日久、儀注不存、中興以來所不行、謂宜停之。）

とあって、元帝のとき籍田儀禮を復活させようという動きがあったが、結局、實現しなかったこと、哀帝のときも反對にあったことなどが傳えられている。

このように籍田儀禮は曹魏において「諸侯百畝の禮」を缺くものであり、兩晉においてほとんど行われなかった。また、先にみたごとく、民爵は曹魏において廢れ、兩晉ではその賜與もほとんど行われていない。右は籍田儀禮と民

爵賜與に一定の關係があることを示すものと考えられる。(20)

　では、民爵賜與が再び行われるようになった南朝において、籍田儀禮の施行狀況はどのようであったのだろうか。『宋書』巻一四禮志一に、劉宋文帝の元嘉二十年（四四三）のこととして、

　太祖 將に親耕せんとするも、其れ久しく廢るるを以て、何承天をして儀注を撰定せしむ。史學生山謙之 已に私かに鳩集すれば、因りて以て奏聞す。乃ち詔を下して曰はく、……古は時に從ひ土を脈し、以て農功を訓へ、躬ら帝籍を耕し、敬みて粢盛に供す。前王を仰瞻し、令典に遵ふを思ひ、便ち千畝を量處し、元辰を考卜すべし。朕 當に親ら百辟を率ゐ、禮を郊甸に致すべし。庶幾くは誠素 斯民に獎被せんことを、と。是に於いて衆條を斟酌し、圖注を造定す。立春に先んずること九日、尙書 內外に宣攝し、各々局に隨ひ事に從はしむ。……孟春の月、上辛後の吉亥の日を擇び、耕根三蓋車に御乘し、蒼駟・青旂に駕し、通天冠・青幘・朝服の青袞を著け、蒼玉を帶佩す。……宋太祖 東耕の後ち、乃ち州郡縣に班下して、悉く其の禮を備へしむ。（太祖將親耕、以其久廢、使何承天撰定儀注。史學生山謙之已私鳩集、因以奏聞。乃下詔曰、……古者從時脈土、以訓農功、躬耕帝籍、敬供粢盛。仰瞻前王、思遵令典、便可量處千畝、考卜元辰。朕當親率百辟、致禮郊甸。庶幾誠素獎被斯民。於是斟酌衆條、造定圖注。先立春九日、尙書宣攝內外、各使隨局從事。……孟春之月、擇上辛後吉亥日、御乘耕根三蓋車、駕蒼駟・青旂、著通天冠・青幘・朝服青袞、帶佩蒼玉。……宋太祖東耕後、乃班下州郡縣、悉備其禮焉。）

とあり、『宋書』巻五文帝紀に、翌二十一年正月己亥のこととして、

　千畝を營む諸々の統司役人、布を賜ふこと各々差有り。（營千畝諸統司役人、賜布各有差。）

とあって、魏晉でほとんど行われていなかった籍田儀禮が復活されたことが傳えられている。『宋書』禮志一の記事に「尙書 內外に宣攝し、各々局に隨ひ事に從はしむ」とあることや、「宋太祖 東耕の後ち、乃ち州郡縣に班下して、悉

く其の禮を備へしむ」とあることなどから、このとき地方官衙も籍田儀禮の體系、秩序の下にある農耕儀禮を實施したものと考えられる。

また、『宋書』巻六孝武帝紀に、劉宋文帝の子である孝武帝の大明四年（四六〇）正月乙亥のこととして、

車駕躬ら藉田を耕す。天下に大赦す。尚方の徒繫及び逋租宿債、大明元年以前、一に皆な原除す。力田の民、才に隨ひて敍用す。孝悌義順、爵一級を賜ふ。孤老貧疾、人ごとに穀十斛。藉田職司、優沾普く賚ふ。百姓の糧種乏しきもの、宜しきに隨ひて貸給す。吏の宣勸に章有る者、詳かに褒進を加ふ。（車駕躬耕藉田。大赦天下。尚方徒繫及逋租宿債、大明元年以前、一皆原除。力田之民、隨才敍用。孝悌義順、賜爵一級。孤老貧疾、人穀十斛。藉田職司、優沾普賚。百姓乏糧種、隨宜貸給。吏宣勸有章者、詳加褒進。）

とあり、『宋書』巻八明帝紀に、孝武帝の弟にあたる明帝の泰始五年（四六九）正月癸亥のこととして、

車駕躬ら藉田を耕す。天下に大赦して、力田に爵一級を賜ふ。（車駕躬耕藉田。大赦天下、賜力田爵一級。）

とあり、『宋書』巻九後廢帝紀に、明帝の子である後廢帝の元徽四年（四七六）正月己亥のこととして、

車駕躬ら籍田を耕す。天下に大赦して、力田に爵一級を賜ふ。貧民に糧種を貸す。（車駕躬耕籍田。大赦天下、賜力田爵一級。貸貧民糧種。）

とある。右は文帝以降もひきつづき籍田儀禮が行われていたことを傳えるものであるが、その際、これらの籍田にともない孝悌、力田に對する賜爵が行われていることが注目される。

さらに、『南齊書』巻三武帝紀に、南齊の永明四年（四八六）閏正月辛亥のこととして、

車駕藉田す。詔して曰はく、夫れ耕藉敬を表す所以にして、親載民を率ゐる所以なり。……孝悌・力田、詳かに爵位を授け、孤老貧窮、穀十石を賜ふ。凡そ農に附かんと欲して糧種闕乏する者、竝びに給貸を加へ、務めて

優厚に在らしめよ、と。……甲寅、藉田の禮 畢はるを以て、車駕 閱武堂に幸し、勞酒小會し、詔して王公以下の位に在る者に帛を賜ふこと差有り。（車駕藉田。詔曰、夫耕藉所以表敬、親載所以率民。……孝悌・力田、詳授爵位、孤老貧窮、賜穀十石。凡欲附農而糧種闕乏者、竝加給貸、務在優厚。……甲寅、以藉田禮畢、車駕幸閱武堂、勞酒小會、詔賜王公以下在位者帛有差。）

とあり、『梁書』巻二武帝紀中に、梁の天監十三年（五一四）二月丁亥のこととして、

輿駕 親ら籍田を耕す。天下に赦して、孝悌・力田、爵一級を賜ふ。（輿駕親耕籍田。赦天下、孝悌・力田、賜爵一級。）

とあり、『梁書』巻三武帝紀下に、普通四年（五二三）二月乙亥のこととして、

躬ら籍田を耕す。詔して曰はく、夫れ耕籍の義 大なるかな。粢盛 之に由りて興り、禮節 之に因り以て著る。……遠近に班下し、良疇を廣闢して、公私の畎畝、務めて地利を盡くすべし。若し農に附かんと欲して糧種に乏しき有れば、亦た貸卹を加へ、每に優遍せしめん。孝悌・力田、爵一級を賜ふ。預耕の司、日を剋めて酒を勞ふ。（躬耕籍田。詔曰、夫耕籍之義大矣哉。粢盛由之而興、禮節因之以著。……可班下遠近、廣闢良疇、公私畎畝、務盡地利。若欲附農而糧種有乏、亦加貸卹、每使優遍。孝悌・力田、賜爵一級。預耕之司、剋日勞酒。）

とあり、『梁書』巻三武帝紀下に、中大通六年（五三四）二月癸亥のこととして、

輿駕 親ら籍田を耕す。天下に大赦して、孝悌・力田、爵一級を賜ふ。（輿駕親耕籍田。大赦天下、孝悌・力田、賜爵一級。）

とあって、齊梁時代の籍田儀禮について記されているが、ここでもやはり孝悌、力田に對する民爵賜與が行われている。これらのことから、漢代と同樣に、當該時代においても、民爵賜與と籍田儀禮は結びついていたとされよう。

以上の考察より、南朝においても漢代と同樣、籍田儀禮と「孝悌」、「力田」に對する民爵賜與は結びついており、

その狙いは民間の農耕儀禮を國家祭祀の體系、秩序に再編し、祭祀に供する名目で田租徴收の正統性をアピールすることにあったと考えられる。

當該時代において民爵が再び賜與されるようになった要因は、豪族對策や勸農政策など、この他にもあると考えられる。しかし、これらの點については史料的な制約もあり、十分に解明できない部分があるため、後考に期したいと思う。

小　結

本章を要約すると以下のようになる。

①南朝において、國家の慶事に際しての民爵賜與は、漢代よりも頻繁に行われていた。

②曹魏に民爵は廢れ、次の西晉には司馬炎卽位のときを最後として民爵が賜與されなくなり、東晉ではその末に桓玄が卽位したときを除いて民爵は賜與されなかった。

③民爵が廢れたのは、國軍の主力を庶民に求めていた兵制の崩壞と、それに代わる兵戶制の成立とによって、庶民が兵士となって戰爭に參加することが少なくなり、軍功により褒賞される機會が減少したことが原因の一つにあったと考えられる。

④徵兵にしても募兵にしてもその兵源は庶民であった。

⑤對北朝戰などのためにしばしば財政難に陷っていた南朝は、その膨大な軍事費を省く狙いもあって、庶民の軍功に對する褒賞として民爵の復活を行ったと考えられる。

⑥漢代に「三老」、「孝悌」、「力田」へ一般の庶民男子より多くの民爵を賜與したのは、そのことによって鄉里社會の農耕儀禮に重要な役割を果たす彼らを取り込み、民間の農耕儀禮を國家における籍田儀禮の體系、秩序に再編せんとしたものと考えられる。
⑦籍田儀禮は曹魏において「諸侯百畝の禮」を闕くものであり、兩晉においてほとんど行われなかった。
⑧南朝では籍田儀禮が復活され、その實施に際し「孝悌」、「力田」に對して、民爵が賜與されることがあった。これは南朝においても、漢代と同樣、民爵賜與と籍田儀禮が結びついていたことを示すものと考えられる。

右は南朝における民爵の效力が、從來いわれているように、空に歸したものでなく、當該時代の兵制の變化や財政狀況、籍田儀禮の復活などに對應したものであったことを示すものである。

註

（1）西嶋定生『中國古代帝國の形成と構造——二十等爵制の研究——』（東京大學出版會、一九六一年）、同氏『中國古代國家と東アジア世界』一六五〜一六六頁（東京大學出版會、一九八三年）參照。

（2）增淵龍夫『新版　中國古代の社會と國家』五五頁（岩波書店、一九九六年）參照。

（3）籾山明「爵制論の再検討」（『新しい歴史學のために』一七八號、一九八五年）、同氏「皇帝支配の原像——民爵賜與を手がかりに」（松原正毅編『王權の位相』弘文堂、一九九一年）參照。

（4）以下では、筆者が增淵、籾山兩氏の見解に基本的に贊同する理由を、西嶋氏が有爵者の身分的秩序の形成される場が里であることを示す際に、その根據とされた史料を再検討することによって述べていきたいと思う。

西嶋氏は、『晉書』卷五〇庾峻傳に、「秦　斯の路を塞ぎ、利　一官より出づ。處士の名有りと雖も、而も朝に爵列する者無し。商君　之を六蝎と謂ひ、韓非　之を五蠹と謂ふ。時に德を知らず、惟だ爵のみ是れ聞く。故に閭閻　公乘を以て其の鄉人を侮り、

郎中 上爵を以て其の父兄に傲る。（秦塞斯路、利出一官。雖有處士之名、而無爵列於朝者。商君謂之六蝎、韓非謂之五蠹。時不知德、惟爵是聞。故閭閻以公乘侮其郷人、郎中以上爵傲其父兄。）」とある記事を引いて、「この庾峻の指摘は、管見のかぎりでは、有爵者の身分的秩序の形成される場が里であり、里中の有爵者のうち最高位の公乘の爵位をもつものは、その身分的特権を里內で實現しているということを示す唯一の記録である。」とした（西嶋氏註（1）『中國古代帝國の形成と構造――二十等爵制の研究――』三七〇頁參照）。

さらに、『周禮』巻一二地官司徒、黨正の條に、「民を屬めて酒を序に飲み、以て齒位を正す。壹命は郷里に齒し、再命は父族に齒し、三命にして齒せず。（屬民而飲酒于序、以正齒位。壹命齒于郷里、再命齒于父族、三命而不齒。）」とあり、『禮記』祭義に、「壹命は郷里に齒し、再命は族に齒し、三命は族に齒せず。七十の者有れば、敢へて先んぜず。（壹命齒于郷里、再命齒于族、三命不齒族。有七十者、弗敢先。）」とあり、『荀子』大略篇に、「一命は郷に齒し、再命は族に齒し、三命は族人七十のものと雖も、敢へて先んぜず。（一命齒於郷、再命齒於族、三命族人雖七十、不敢先。）」とある記事などを引いて、「里では民爵最高の公乘の爵位をもつことによってその郷人を凌駕し、また郎中となって吏爵を受けることによってその家族よりも上爵となり、上述の引文でいえば『族に齒せず』という結果になるのであった」としておられる（西嶋氏註（1）『中國古代帝國の形成と構造――二十等爵制の研究――』四三九～四四〇頁參照）。

西嶋氏は、爵位と齒位とが一致するという前提で論を進めておられるが、史料を見る限りでは、別の解釋も可能であると考えられる。

それは郷里社會において「壹命」され「公乘」より下の爵位をもつ段階では、まだ齒位的秩序の方が優越しているが、「再命」すなわち「民爵最高の公乘の爵位もつ」段階になると「父族」に對してのみ齒位的秩序を重んじ、同じ齒位に屬する「郷人を侮」れるようになり、「三命」すなわち「郎中となって吏爵を受ける」段階になると「族に齒せず」という狀態になって自分より上の齒位に屬する「父兄」にも「傲」れるようになるという解釋である。そうであるとすれば、郷里社會では民爵のうち最高位の「公乘」の爵位をもつことによってはじめて身分的特權を里內で實現できたことになろう。

この點に關連して、長沙走馬樓呉簡のなかに特定の「里」において「戸人」が「公乘」の爵位をもっている事例が少なからずみられるが、その一方、「公乘」より下の爵位をもっている事例が一例も見られないことは、右の見解が當を得たものであれば、それを支えるところがある。

(5) なお、王莽の新、更始帝の時代を除いた場合、前漢二百十三年に五十三回、後漢百九十六年に三十六回で、兩漢合わせて四百九年に八十九回行われたことになるから、409÷89＝4.59……でやはり約五年に一回の割合となる。

(6) 西嶋氏註(1)『中國古代帝國の形成と構造――二十等爵制の研究――』一九五頁參照。

(7) 『晉書』巻一〇安帝紀に、元興二年（四〇四）十二月壬辰のこととして、「玄 卽位し、帝を以て平固王と爲す。（玄簒位、以帝爲平固王。）」とあり、『晉書』巻九九桓玄傳に、「是に於いて大赦し、永始と改元す。天下に爵二級、孝悌・力田 人ごとに三級を賜ふ。鰥寡・孤獨の自ら存すること能はざる者、穀 人ごとに五斛なり。其の賞賜の制、徒らに空文を設くるのみにして、其の實無きなり。（於是大赦、改元永始。賜天下爵二級、孝悌・力田人三級。鰥寡・孤獨不能自存者、穀人五斛。其賞賜之制、徒設空文、無其實也。）」とあって、桓玄が卽位したとき民爵賜與を含めた賞賜は空文を設けたのみであり、實質を伴うものではなかったとされている。

(8) 濱口重國「後漢末・曹魏時代に於ける兵民の分離に就いて」（『東方學報』東京第一一册、一九四〇年。のち『秦漢隋唐史の研究』上巻、第一部第八、東京大學出版會、一九六六年所收）參照。

(9) 山田勝芳『秦漢財政收入の研究』三二九頁（汲古書院、一九九三年）參照。

(10) 宮崎市定氏は『宮崎市定全集』六、三三一頁（岩波書店、一九九二年）のなかで、「孝文帝の末期には早くも南朝との戰爭などのために軍功インフレーションが進行中であった。」とし、第二編第五章一二「北魏末期の選擧問題」では、こうしたことを受け、孝明帝のときに崔亮が停年格をつくったとしておられる。そうであるとすれば、このときの孝文帝による民爵の賜與も、そうした軍功に對する褒賞として行われたもので、それは同時期に行われた官制改革と同様に、南朝の制度の影響を受けた可能性が高いと考えられよう。こうした北魏孝文帝の民爵賜與について檢討したものに、拙稿「北魏孝文帝の姓族分定と民爵賜與について」（『東アジアと日本』第二號、二〇〇五年）がある。なお、南北朝における民爵の相違點に關しては、佐川英治「中國中古軍功制度初探」（宮宅潔『中國古代軍事制度の總合的研究』（平成二十年度～平成二十四年度科學研究費補助金基盤研究

B研究成果報告書、二〇一三年）で指摘されている。

(11) 濱口氏「魏晉南朝の兵戸制度の研究」（『山梨大學學藝學部紀要』第二號、一九五七年。のち同氏註（8）著書第一部第一〇所收）參照。

(12) 越智重明「宋中期の新戸籍制度の出現をめぐって」（『東洋史學』第二五輯、一九六二年。のち『魏晉南朝の政治と社會』第三篇第二章、吉川弘文館、一九六三年所收）、同氏「族門制」（『魏晉南朝の貴族制』第五章第一節、研文出版、一九八二年）參照。

(13) 同様のことは、劉宋において晉安王子勛が明帝と爭ったとき（『宋書』卷八四鄧琬傳・卷八四孔覬傳・卷八七殷琰傳）、順帝の昇明元年（四七七）、沈攸之が反亂を起こしたとき（『宋書』卷七四沈攸之傳）に行われ、さらに東昏侯の永元二年（五〇〇）十二月、蕭穎冑と夏侯詳が京邑の百官や諸州郡の牧守に宛てた檄文（『南齊書』卷三十八蕭穎冑傳）、梁武帝の太清二年（五四八）八月、侯景が反亂を起こしたときの詔敕（『南史』卷八十侯景傳）、太寶三年（五五二）二月、蕭繹（のちの元帝）が四方に發した檄文（『梁書』卷五元帝紀）にもみられる。

(14) 宮崎氏註（10）著書一八七頁參照。

(15) 籍田儀禮についての先行研究は非常に多い。管見の及ぶ限りでは、小島祐馬「藉田の禮に就いて」（『經濟論叢』第九卷第四號、一九一九年）、西田太一郎「郊祭の對象とその時期とに就いて」（『支那學』第八卷第一號、一九三五年）、農林省米穀局編『支那歴代親耕親蠶考』（日本米穀協會事務所、一九三六年）、笠原仲二「支那古代に於ける田租徭役の起源」（『支那學』第一〇卷第一號、一九四〇年）、木村正雄「藉田と助法」（『東洋史學論集』第三、一九五四年）、白川靜「詩經にみえる農事詩」（『立命館文學』第一三八・一三九號、一九五六年。のち『白川靜著作集』第一〇卷第三章、平凡社、二〇〇〇年所收）、大嶋隆「耤田考」（『甲骨學』第八號、一九六〇年所收）、楊寬「『籍禮』親探」（のち『古史新探』中華書局、一九六五年所收）、西岡弘「藉田考」（『漢文學會會報』第二六輯、一九六七年。のち『中國古典の民俗と文學』角川書店、一九八六年所收）、谷口義介「西周時代の藉田儀禮」（『立命館文學』第四三〇—四三二號、一九八一）、同氏「春秋時代の藉田儀禮と公田助法」（『史林』第六八卷第一號、一九八五年）、同氏「藉田儀禮の復活」（『熊本短大論集』第三八卷第三號、一九八八年。のち『中國古代社會史研究』

第八章・第九章・第一〇章、朋友書店、一九八八年所收）、越智重明「藉田」（『戰國秦漢史研究』一、第一編第一章第六節、中國書店、一九八八年）、佐竹靖彦「藉田新考」（唐代史研究會編『中國の都市と農村』汲古書院、一九九二年。のち『中國古代の田制と邑制』第Ⅰ部第一章、岩波書店、二〇〇六年所收）、坂江渉「古代東アジアの王權と農耕儀禮——日中社會文化の差異——」（鈴木正幸編『王と公』第一章、柏書房、一九九八年）、新城理惠「中國の藉田儀禮について」（『史境』第四一號、二〇〇〇年）などがある。なお、史料上の「せきでん」の表記については、「籍田」と「藉田」の二通りの使用が見られる。本章では、史料上での表現を除き、以下、「籍田」に統一して使用することとする。

（16）このほかにも「孝悌」、「力田」に對し、一般の庶民男子より多くの爵級が賜與された事例には、永平三年（六〇）二月甲子、同十二年五月丙辰、同十七年五月戊子（『後漢書』本紀二明帝紀）、永平十八年十月丁未、建初三年（七八）三月癸巳、同四年四月戊子（『後漢書』本紀三章帝紀）、永元八年（九六）二月己丑、永元十二年三月丙申、元興元年（一〇五）十二月辛未（『後漢書』本紀四和帝紀）、元初元年（一一四）正月甲子（『後漢書』本紀五安帝紀）、永建元年（一二六）正月甲寅、陽嘉元年（一三二）正月乙巳（『後漢書』本紀六順帝紀）、建和元年（一四七）正月戊午（『後漢書』本紀桓帝紀）、建安二十年（二一五）正月甲子（『後漢書』本紀九獻帝紀）などがある。

（17）鎌田重雄「郷官」（『史潮』第七年第一號、一九三七年。のち『秦漢政治制度の研究』第二篇第一章、日本學術振興會、一九六二年所收）參照。

（18）谷口氏註（15）「藉田儀禮の復活」參照。

（19）宮崎氏「古代中國賦稅制度」（『史林』第一八卷第二・三・四號、一九三三年。のち『宮崎市定全集』三、岩波書店、一九九一年所收）參照。

（20）管見の及ぶ限り、魏晉における「孝悌」や「力田」に對しての無償の賜與は、『三國志』卷二文帝紀に、黃初元年（二二〇）十一月癸酉の詔を載せて、「男子に爵人ごとに一級、父の後ち爲る及び孝悌・力田人ごとに二級を賜ふ。（賜男子爵人一級、爲父後及孝悌・力田人二級。）」とあり、『三國志』卷四少帝紀に、齊王芳正始元年（二四〇）八月のこととして、「車駕洛陽の界の秋稼を巡省し、高年力田に賜ふこと各々差有り。（車駕巡省洛陽界秋稼、賜高年力田各有差。）」とあり、『晉書』卷四惠帝紀に、元康元年（二九一）五月壬午の詔を載せて、「天下の戸調緜絹を除き、孝悌・高年、鰥寡・力田の者に帛 人ごとに三匹を賜ふ。（除天下戸調緜絹、賜孝悌・高年、鰥寡・力田者帛人三匹。）」とあり、『晉書』巻八穆帝紀に、升平元年（三五七）八月丁未のこととして、「八月丁未、皇后何氏を立つ。大赦し、孝悌・鰥寡に米 人ごとに五斛を賜ふ。（八月丁未、立皇后何氏。大赦、賜孝悌・鰥寡米人五斛。）」とある四例のみである。これは當該時代に籍田儀禮があまり行われなかったことと全く無關係でなかったと考えられる。

附表　魏晉南朝の民爵賜與表

	民爵賜與の時期	賜爵の理由	賜爵の對象	出典
1	曹魏文帝黄初元年（二二〇）十一月癸酉	漢魏禪讓革命	男子（一級）、父後及孝悌・力田（二級）	『三國志』巻二文帝紀
2	曹魏文帝黄初三年（二二二）九月庚子	立皇后	天下男子（二級）	同右
3	曹魏明帝太和元年（二二七）十一月	立皇后	天下男子（二級）	『三國志』巻三明帝紀
4	曹魏明帝青龍元年（二三三）二月丁酉	改元	男子（二級）	同右
5	曹魏明帝景初二年（二三八）十二月辛巳	立皇后	男子（二級）	同右

6	曹魏陳留王景元元年（二六〇）六月甲寅	即位	民	『三國志』巻四陳留王紀
7	西晉武帝泰始元年（二六六）十二月丙寅	魏晉禪讓革命	民（五級）	『晉書』巻三武帝紀
8	東晉元興二年（四〇四）十二月壬辰	桓玄即位	天下（二級）、孝悌・力田（三級）	『晉書』巻十安帝紀・巻九九桓傳
9	劉宋武帝永初元年（四二〇）六月丁卯	晉宋禪讓革命	民（二級）	『宋書』巻三武帝紀下、『文館詞林』巻六六八宋武帝即位改元大赦詔
10	劉宋孝武帝孝建元年（四五四）正月丙寅	立皇太子	天下爲父後者（一級）	『宋書』巻六孝武帝紀、『文館詞林』巻六六六宋孝武帝立皇太子恩詔
11	劉宋孝武帝大明二年（四五八）正月壬戌	父帝即位の追懐	吏（一級）	『宋書』巻六孝武帝紀
12	劉宋孝武帝大明四年（四六〇）正月乙亥	籍田	孝悌・義順（一級）	『宋書』巻六孝武帝紀、『文館詞林』巻六七〇宋孝武帝大赦詔
13	劉宋孝武帝大明六年（四六二）正月辛卯	南郊祭天	孝子・順孫・義夫・悌弟（一級）	『宋書』巻六孝武帝紀
14	劉宋孝武帝大明七年（四六三）二月壬戌	南巡	民（一級）	『宋書』巻六孝武帝紀、『文館詞林』巻六六六宋孝武帝春蒐大赦詔

No.	年月	事由	対象（級）	出典
15	劉宋孝武帝大明七年（四六三）十一月丙子	曲赦	南豫州及宣城郡（一級）	『宋書』巻六孝武帝紀、『文館詞林』巻六六六宋孝武帝巡幸曲赦南徐州詔
16	劉宋前廢帝景和元年（四六五）十一月丁未	皇子誕生	爲父後者（一級）	『宋書』巻七前廢帝紀
17	劉宋明帝泰始元年（四六五）十二月丙寅	卽位	民（二級）	『宋書』巻八明帝紀
18	劉宋明帝泰始二年（四六六）九月癸巳	六軍解嚴	民（一級）	同右
19	劉宋明帝泰始五年（四六九）正月癸亥	籍田	力田（一級）	同右
20	劉宋後廢帝元徽二年（四七四）十一月丙戌	皇帝元服	民男子（一級）、爲父後及三老・孝悌・力田（二級）	『宋書』巻九後廢帝紀
21	劉宋後廢帝元徽四年（四七六）正月己亥	籍田	力田（一級）	同右
22	南齊高帝建元元年（四七九）四月甲午	宋齊禪讓革命	民（二級）	『南齊書』巻二高帝紀下、『文館詞林』巻六六八南齊高帝卽位改元大赦詔
23	南齊武帝永明四年（四八六）閏正月辛亥	籍田	孝悌・力田	『南齊書』巻三武帝紀

24	南齊武帝永明十一年（四九三）四月甲午	立皇太孫	天下爲父後者（一級）	同右
25	南齊明帝建武元年（四九四）十一月戊子	立皇太子	天下爲父後者（一級）	『南齊書』巻六明帝紀
26	南齊明帝建武三年（四九六）閏十二月戊寅	皇太子元服	爲父後者（一級）	同右
27	南齊東昏侯永元元年（四九九）四月己巳	立皇太子	民爲父後（一級）	『南齊書』巻七東昏侯紀
28	梁武帝天監元年（五〇二）四月丙寅	齊梁禪讓革命	民（二級）	『梁書』巻二武帝紀中、『文館詞林』巻六六八梁武帝即位改元大赦詔
29	梁武帝天監元年（五〇二）十一月甲子	立皇太子	天下爲父後者（一級）	『南史』巻六梁本紀上、『文館詞林』巻六六六梁武帝立皇太子大赦詔・立太子恩賚詔
30	梁武帝天監十三年（五一四）二月丁亥	籍田	孝悌・力田（一級）	『梁書』巻二武帝紀中、『文館詞林』巻六六五梁武帝籍田恩詔
31	梁武帝天監十四年（五一五）正月乙巳	皇太子元服	爲父後者（一級）	『梁書』巻二武帝紀中、『文館詞林』巻六六六梁武帝皇太子冠赦詔
32	梁武帝天監十八年（五一九）正月辛卯	南郊祭天	孝悌・力田（一級）	『梁書』巻二武帝紀中

番号	年月	契機	対象（級数）	出典
33	梁武帝普通元年（五二〇）正月乙亥	改元	孝悌・力田（一級）	『梁書』巻三武帝紀下
34	梁武帝普通四年（五二三）二月乙亥	籍田	孝悌・力田（一級）	『梁書』巻三武帝紀下、『文館詞林』巻六六五梁武帝藉田恩赦詔
35	梁武帝普通八年（五二七）正月辛未	南郊祭天	孝悌・力田（一級）	『梁書』巻三武帝紀下
36	梁武帝大通三年（五二九）正月辛酉	南郊祭天	孝悌・力田（一級）	同右
37	梁武帝中大通元年（五二九）十月己酉	改元	孝悌・力田爲父後者（一級）	『梁書』巻三武帝紀下、『文館詞林』巻六六八梁武帝改元大赦詔・巻六七〇梁武帝恩赦詔
38	梁武帝中大通三年（五三一）正月辛巳	南郊祭天	孝悌・力田（一級）	『梁書』巻三武帝紀下
39	梁武帝中大通三年（五三一）七月乙亥	立皇太子	爲父後者及出處忠孝文武清勤（一級）	同右
40	梁武帝中大通五年（五三三）正月辛卯	南郊祭天	孝悌・力田（一級）	同右
41	梁武帝中大通六年（五三四）二月癸亥	籍田	孝悌・力田（一級）	同右

42	43	44	45	46	47	48	49	50
梁武帝大同三年（五三七）正月辛丑	梁武帝大同五年（五三九）正月辛未	梁武帝中大同元年（五四六）四月丙戌	梁武帝中大同二年（五四七）正月辛酉	梁武帝太清元年（五四七）四月丁亥	梁元帝承聖元年（五五二）十一月丙子	梁敬帝太平元年（五五六）九月壬寅	陳武帝永定元年（五五七）十月乙亥	陳文帝永定三年（五五九）六月丙午
南郊祭天	南郊祭天	改元	南郊祭天	改元	卽位	改元	梁陳禪讓革命	卽位
孝悌・力田（一級）	孝悌・力田及州閭鄕黨稱爲善人者（一級）	孝悌・力田爲父後者（一級）	孝悌・力田（一級）	孝悌・力田爲父後者（一級）	孝子・義孫	孝悌・力田（一級）	民（二級）	孝悌・力田爲父後者（一級）
同右	同右	同右	同右	同右	『梁書』巻五元帝紀	『梁書』巻六敬帝紀	『陳書』巻二武帝紀下	『陳書』巻三文帝紀

51	陳文帝永定三年（五五九）十月	伯茂の始興王繼承	天下爲父後者（一級）	『陳書』巻二八始興王伯茂傳
52	陳文帝天嘉元年（五六〇）正月 癸丑	改元	孝悌・力田殊行異等（一級）	『陳書』巻三文帝紀
53	陳文帝天嘉元年（五六〇）正月 辛酉	南郊祭天	民（一級）	同右
54	陳文帝天嘉三年（五六二）正月 辛亥	南郊祭天	民（一級）	同右
55	陳文帝天嘉三年（五六二）七月 己丑	皇太子納妃	孝悌・力田爲父後者（一級）	同右
56	陳文帝天嘉六年（五六五）正月 甲午	皇太子元服	孝悌・力田爲父後者（一級）	同右
57	陳文帝天康元年（五六六）四月 乙卯	皇孫誕生	爲父後者（一級）	同右
58	陳廢帝光大元年（五六七）正月 乙亥	改元	孝悌・力田（一級）	『陳書』巻四廢帝紀
59	陳廢帝光大元年（五六七）七月 戊申	立皇太子	天下爲父後者（一級）	同右

60	陳宣帝太建元年（五六九）正月甲午	即位	孝悌・力田及爲父後者（一級）	『陳書』巻五宣帝紀
61	陳宣帝太建五年（五七三）三月己丑	皇孫誕生	爲父後者（一級）	同右
62	陳後主太建十四年（五八二）正月丁巳	即位	孝悌・力田爲父後者（一級）	『陳書』巻六後主紀
63	陳後主太建十四年（五八二）四月丙申	立皇太子	天下爲父後者（一級）	同右
64	陳後主至德二年（五八四）七月壬午	皇太子元服	孝悌・力田爲父後者（一級）	同右

第二章　東晉、宋初の「五等爵」について

——民爵との關連を中心としてみた——

はじめに

中國古代にあって、庶民に賜與される爵位のことを一般に民爵という。[1] 漢王朝の場合、民爵は前後漢四百二十二年間において九十回賜與されている（王莽の新王朝のものも含む）。つまり、單純に計算すると、漢王朝においては約五年に一回の割合で民爵が賜與されたことになる（426÷90＝4.73……）。この五年に一回という割合は、從來、中國における歴代王朝の中でもっとも高いとされてきた。そのため、西嶋定生氏はその割合の高さから、漢王朝にあって民爵賜與が里における齒位的秩序と國家的身分との結合を促したとし、さらに三國以降になるとそうした民爵の頻繁な賜與は陰をひそめ、その效力は空に歸したとも指摘されている。[2]

しかし、第一章で明らかにしたように、確かに魏晉期は效力が空に歸したように見えるが、南朝の場合、民爵は百六十九年間に五十四回賜與されており、その割合は約三年に一回である（170÷56＝3.03……）。[3] 單純な比較はつつしむべきであるが、三國以降、效力が空に歸したはずの民爵が、南朝においては漢王朝よりも頻繁に賜與されていたことになる。とすれば、そうしたことが何故、生じたのかという問題が生じるであろう。

そもそも民爵とは漢王朝でもそうであったように、本來、庶民が兵士となり軍功をあげた際の褒賞であった。南朝

の場合も例えば、『陳書』巻五宣帝紀に、太建十年（五七八）四月庚戌の詔を載せて、

近歳 薄伐して、淮・泗を廓清す。鋒を摧き果を致し、文武 力を畢くし、風に櫛り雨に沐ひ、寒暑 亟々離、功を念ふこと茲に在り、終食も忘るること無し。宜しく榮賞を班ち、用て厥の勞に酬ゆべし。應に軍に在るべき者 竝びに爵二級を賜ふべし。（近歳薄伐、廓清淮・泗。摧鋒致果、文武畢力、櫛風沐雨、寒暑亟離、念功在茲、無忘終食。宜班榮賞、用酬厥勞。應在軍者可竝賜爵二級。）

とあるように、民爵が兵士に對する褒賞として賜與された事例が見受けられる。西嶋氏は庶民が軍功によって賜爵されることに關連して、次のように述べておられる。すなわち、

一般庶民が軍功によって賜爵されるといっても、その前提として、彼等が戰陣に參加すること、換言すれば一般庶民が戰鬪員として兵制に編入されていることが必要である。(4)

筆者は氏の見解に贊同するものであるが、とすれば、南朝においても廣範な庶民による軍事參加が存在し、その上で民爵の賜與が行われたことが考えられよう。

さらに、南朝において頻繁に賜與されるようになる民爵は軍功褒賞のみに限定されていたのではなく、孝悌・力田などにも賜與されていたが、これは王朝が田租徵收の正統性をアピールする狙いもあって行われたものであった。つまり、南朝の民爵は軍事、財政の問題と有機的なつながりをもつ施策であったのである。(5)

ところで、右に述べた南朝の前の王朝、すなわち東晉においては、兵士の主體が兵戶・白籍戶であり、彼らの多くは華北から避難してきた僑民からなっていた。しかし、こうした兵戶・白籍戶は、東晉末になるにつれ減少しつつあったことがすでに明らかにされている。(6)

では、江南政權はこのような事態にどのように對應しようとしていたのであろうか。兵戶・白籍戶といった制度の

再構築をはかったのであろうか。しかし、これまでの研究による限り、そうした施策を政權がとっていたとは考え難い。では、減少したといっても、兵戶・白籍戶はそれなりの效力を維持しつづけたのであろうか。殘念ながら、その點を傳える史料は見出しえない。

しかし、東晉南朝の歷史の流れをみるとき、南北間の抗爭は北方に統一への動きが高まるに從って、全面的戰いの様相を帶びるようになる。そのことは淝水の戰いや、劉宋文帝・北魏太武帝期の南北戰爭をみれば明らかであろう。淝水の戰いには當然、兵戶・白籍戶が參加したであろうが、そのほかに謝玄による募兵も行われた。そして、このとき大きな戰果をあげたのは、謝玄の募に應じた僑民であった。つまり、淝水の戰いにおいては、兵戶・白籍戶のみで十分な兵力を確保できなかったとはいえ、僑民が依然として兵力の主體であったのである。ただし、前秦の戎卒六〇餘萬、騎二七萬に對し、東晉が動員できた兵力は十分の一に滿たない八萬であった。

この後、文帝の北伐においては同じく南北戰爭でありながら、南兗州で徵兵が行われ、僑民のみならず江南土着民も戰鬪に參加している（『宋書』卷七四沈攸之傳・卷九五索虜傳）。すなわち、このころになると、僑民にもとづく兵力のみによって北朝と對峙することは、極めて困難になっていたのである。それだけに、かかる時期の江南政權は僑民に代わる新たな兵源の確保を切實に求められていた。

では、江南政權は北朝に抗するための軍事的基盤を何に求めようとしたのであろうか。このような時期に民爵が出現するのであるが、その直前の東晉末から劉宋初においてこの民爵とよく似た性格をもつ五等爵とよばれる爵位が賜與されている（以下、この爵位を「五等爵」と表記する）。では、この「五等爵」とは一體、いかなる爵位であったのだろうか。本稿はこうしたことを踏まえ、「五等爵」と劉裕起義の關係、およびその實態について考察し、以て江南政權における新たな軍事動員の問題を解明せんとするものである。

第一節　「五等爵」と劉裕起義の關係

本節では、「五等爵」について研究史を整理しつつ、その上でそれが劉裕起義といかなる關係を有するのかについて述べる。

さて、元興三年（四〇四）、のちに東晉に代わり劉宋を建國する劉裕は、京口において桓玄討伐の兵を起こし建康を占領した後、江陵へ軍をすすめ桓氏一族の討伐に成功した。彼の起兵の地である京口は、東晉の重要な軍事據點である北府がおかれたことで知られる。では、劉裕が桓玄討伐の兵を起こしたころ、かかる北府の兵力は如何なる狀況にあったのだろうか。

「はじめに」で述べたように、東晉における兵力の主體である兵戶・白籍戶について、北府ではすでに淝水の戰いの前後からその減少を補う新たな兵力が求められていた(7)。

かかる當時の狀勢を踏まえてみた際、劉裕が桓玄討伐に成功したころから劉宋初めにおいて注目すべき現象があらわれる。それはこの時期に限って軍功に對し「五等爵」という爵位が賜與されていることである。この「五等爵」とは虛封の爵位であり、有封の五等開國爵（公侯伯子男）の下位にあった。つまり、一般の五等開國爵とは相違するものである。この「五等爵」については、つとに錢大昕、周一良の兩氏が次のように指摘しておられる。すなわち、『廿二史考異』卷二四檀道濟傳の條に、

按ずるに、五等の封、但だ虛號を假すのみにして、未だ戶邑有らず。蓋し一時權宜の制に出づ。……是れ五等侯倘ほ縣子・縣男の下に在るなり。（按、五等之封、但假虛號、未有戶邑。蓋出一時權宜之制。……是五等侯倘在縣子・縣男

之下也。)

とあり、また、周氏「五等爵無食邑」(8)に、

所謂五等は特殊の稱謂であり、公・侯・伯・子・男の五等級を指してはいない。この制が行われたのは、東晉末劉裕執政の時及び劉宋初年であり、それ以前に事例を見ない。かつその大部分は初封の場合で、世襲する者は極めてまれである。……案ずるに、五等爵に封ぜられた諸人の多くは劉裕が起兵して桓玄を討伐したとき、京口から建康に進軍して功を立てた者たちであった。當時劉裕は孫恩起義を鎭壓し、統治階級中に初めて威信を立てたばかりで、その實力は未だ强大でなかった。そのため部下はただ虛號を獲るのみであったのである。(所謂五等乃特殊稱謂、非指公侯伯子男之五等級。此制之行、祇在東晉末劉裕執政時及劉宋初年、以前未嘗見。且大多初封、世襲者極罕。……案、封五等爵諸人、多是劉裕起兵討伐桓玄、由京口進軍建康時立功者。當時劉裕鎭壓孫恩起義之後、在統治階級中初立威信、實力尚未强大、故其部下祇能暫獲虛號。)

とある。ただし、右の兩氏の見解は『廿二史考異』、『魏晉南北朝史札記』の一項目において述べられたもので、この「五等爵」について「はじめに」で論じた問題意識を踏まえて具體的に考察したものではない(なお、「五等爵」は史料上において、「~縣五等侯」、「~縣五等子」、「~縣五等男」と表記される)。

先に述べたように、劉裕の軍事的基盤となる北府では、すでに淝水の戰いの前後から兵戶・白籍戶に代わる兵力が求められていた。一方、「五等爵」の賜與は、劉裕が桓玄討伐に成功したころから始まっている。この「五等爵」を授けられた者のなかには華北からの僑民のみならず、孫處・沈淵子・沈田子・沈林子・胡藩・沈叔任・沈攸之・顧琛・沈文季といった江南出身者が存在する(後揭附表參照)。とすれば、「五等爵」に注目した際、僑民による兵力の減少といった狀況下において、こうした江南出身者も軍事に關わり始めたことになるのである。

いま、この江南出身者の軍事參加について、もう少し掘り下げてみよう。桓玄討伐は、『宋書』巻一武帝紀上、義熙二年（四〇六）十月の條に見える劉裕の上言に、

同に起義を謀り、始め京口・廣陵の二城を平らぐ。（同謀起義、始平京口・廣陵二城。）

とあるように、京口と廣陵から始まった。京口は劉裕の一族が長く居た地でもある（『宋書』巻一武帝紀上）。さらに、このとき彼とともに北府に所屬して活躍し、「五等爵」を賜與された者には、劉穆之・檀道濟・孟龍符・劉簡之・劉道憐・臧熹・孟懷玉・向靖らがいる（後掲附表參照）。それだけに、劉裕が京口で桓玄討伐の兵をあげることは極めて理にかなっている。

ところが、『宋書』巻一武帝紀上に、元興二年（四〇三）、劉裕が盧循を討伐するときのことを載せて、

高祖（劉裕）東して盧循を征つに、何無忌 隨ひて山陰に至り、會稽に於いて義を擧ぐるを勸む。（高祖東征盧循、何無忌隨至山陰、勸於會稽擧義。）

とあり、何無忌がこの京口ではなく、會稽で桓玄討伐の兵をあげるよう勸めたことが傳えられている。では、なぜ何無忌は會稽での擧兵を勸めたのであろうか。『宋書』巻五四孔季恭傳に、會稽の名族である孔靖が劉裕に對し、桓玄の卽位を待ってから京口で兵をあげるよう述べたことを載せて、

高祖（劉裕）後ち孫恩を討つ。時に桓玄 簒形は已に著はれ、山陰（會稽郡治がある）に於いて義を建て之を討たんと欲す。季恭（孔靖の字）以爲らく、山陰 京邑を去ること路遠にして、且つ玄未だ極位に居らず。如かず、其の簒逆の事彰はれ、釁成り惡稔るを待ちて、徐に京口に於いて之を圖らば、剋たざるを憂へざるには、と。高祖も亦た謂ひて然りと爲す。（高祖後討孫恩。時桓玄簒形已著、欲於山陰建義討之。季恭以爲、山陰去京邑路遠、且玄未居極位。不如、待其簒逆事彰、釁成惡稔、徐於京口圖之、不憂不剋。高祖亦謂爲然。）

とあり、會稽における起義の計畫について、地元の名族である孔靖が關わっていたことが記されている。しかも、當時の權力者である桓玄に對して兵をあげるわけであるから、當然、この計畫が漏れることは劉裕にとって極めて危險である。それだけに、右の記事は劉裕と會稽の名族である孔靖との間に、信頼關係にも似たある種の結びつきがなければできなかったであろう。從って、劉裕が會稽での起義を考えたとする右の史料から、彼は元興二年の時點において會稽の名族と一定のつながりを結んでいたことが窺えるのである。

　では、京口出身の劉裕と會稽の名族との間に、こうした關係が生じたのは何故であろうか。劉裕は隆安三・四年（三九九・四〇〇）、孫恩討伐のため劉牢之に從い、たびたび會稽に進駐している（『宋書』巻一武帝紀上、隆安三年・四年の條）。その際、注目すべきは、このとき劉裕の軍が略奪に走らなかったとされることである。その結果、彼が三吳の土豪たちから厚い支持を得たことについて、かつて葭森健介氏は次のように述べておられる。(9)

> 　そこ（孫恩討伐のため會稽……括弧內發表者加筆）にやって來た劉牢之等の軍は軍紀が亂れ略奪を恣にし、人々の失望とうらみを買った。その中にあって劉裕の軍のみは紀律正しく、人の財產を侵す樣なことはなかった。そこで、父穆夫が反亂に參加したため自らも追われる立場にあった沈林子は、一黨を率いて劉裕の下へ訪れ保護を求めた。劉裕は彼らを手厚くもてなし、以後吳興の大族沈林子・田子・淵子兄弟、及びその一黨は劉裕配下の最も忠實な部將として活躍する。又、劉裕麾下の名將會稽の孫季高もこの時劉裕の軍に身を投じ、先述の孔季恭もしばしば會稽にやってくる劉裕を歡待している。

　劉裕が孫恩を討伐したときには、右の劉牢之のほかにその姻戚である高素もいた。(10)にもかかわらず、劉牢之や高素に歸服する江南の人士は、管見の及ぶ限りみられない。それ故、沈林子らがわざわざ格下の劉裕を慕ってその配下となったのは、葭森氏の指摘されるところが大きかったと考えて大過ないであろう。

また、右の沈林子が劉裕の配下となった頃、浙東の諸郡は飢饉に見まわれていた。『宋書』巻一〇〇沈林子傳に、そのときの飢饉の状況について、

時に生業已に盡き、老弱甚だ多し。東土は饑荒し、子を易へて食ふ。（時生業已盡、老弱甚多。東土饑荒、易子而食。）

とある。『宋書』巻二五天文志三には、この記事をより詳しく記している。すなわち、元興元年（四〇二）七月に、浙東の者たちが、「萬もて計ふ」ほど西に向かって流亡したことについて、

大いに飢ゑ、人相ひ食む。浙江の東の餓死・流亡するものは十に六七にして、吳郡・吳興の戶口は減半し、又た流奔して西する者は萬もて計ふ。（大飢、人相食。浙江東餓死・流亡十六七、吳郡・吳興戶口減半、又流奔而西者萬計。）

とある。この飢饉の背景には、隆安三年（三九九）から五年（四〇一）にかけて、孫恩が會稽・吳・吳興の諸郡を攻擊し續けていたことがあった（『晉書』巻一〇安帝紀）。そうした流民の中には、劉裕の軍の嚴正さやその力量についての評判を慕って京口に移り住む者が少なからずいたのである。

右より、京口の桓玄討伐に先立って何無忌が會稽郡で兵をあげることを勸めたのは、こうした劉裕の評判を踏まえ、會稽で兵を擧げれば在地土豪の支持が得られるという思惑があったためとされよう。

結局、會稽ではなかったが京口で兵をあげたとき、右の沈林子らは桓玄討伐に活躍している。ここで注目すべきは、その際、沈林子ら江南出身者が、軍功褒賞として「五等爵」を賜與されていることである。すなわち、このころから劉裕による兵源確保という狀況のもと「五等爵」を通じ、それまでの僑民、江南出身者の立場をこえた新たな軍事動員の萌芽がみられるのである。では、この「五等爵」は錢、周兩氏が指摘された點のほかに、どのような性質をもっていたのであろうか。

第二節　「五等爵」の實態

本節では、前節における檢討を踏まえつつ、「五等爵」の賜與時期、賜與の理由、賜與される側のメリットといった點について考察し、以てその全體像を明らかにする。

まず「五等爵」が東晉末から劉宋初のうち、とくにどの時期に多く賜與されたのかについてである。周氏は、「五等爵」がとくに多く賜與された時期について、「案ずるに、五等爵に封ぜられた諸人の多くは劉裕が起兵して桓玄を討伐したとき、京口から建康に進軍して功を立てた者たちであった」と述べ、それが桓玄討伐のときのことであることを具體的な史料を擧げることなく簡單に指摘されている。よって、いまその史料を擧げ、前節でみた先學の見解を踏まえつつ論を展開することとする。

先にも一部掲げたが、『宋書』卷一武帝紀上に、義熙二年（四〇六）十月、劉裕が桓玄討伐に際し軍功をあげた者に對し、「封賞」を與えるよう上言したことを載せて、

高祖 上言して曰はく、……同に起義を謀り、始め京口・廣陵の二城を平らぐる臣及び撫軍將軍（劉）毅等の二百七十二人、幷びに後ち義に赴き出都の緣道にて大戰するもの、餘す所一千五百六十六人、又た輔國將軍（諸葛）長民・故給事中王元德（名は叡）等の十人、合して一千八百四十八人、封賞を正すを乞ふ。其れ西征の衆軍は、論の集まるを須ち續いで上らん、と。是に於いて、尙書 奏し、唱義の謀主・鎭軍將軍裕を豫章郡公、食邑萬戶に封じ、絹三萬匹を賜ふ。其の餘の封賞 各々差有り。（高祖上言曰、……同謀起義、始平京口・廣陵二城臣及撫軍將軍毅等二百七十二人、幷後赴義出都緣道大戰、所餘一千五百六十六人、又輔國將軍長民・故給事中王元德等十人、合一千八百四十八人、乞正

封賞。其西征衆軍、須論集續上。於是、尚書奏、封唱義謀主・鎭軍將軍裕豫章郡公、食邑萬戶、賜絹三萬匹。其餘封賞各有差。）

とあり、その數がほぼ二千人にのぼったことを傳えている。史料中に「封賞」とあることや、實際に劉裕が豫章郡公に封じられていることなどから、このときの軍功褒賞には爵位が少なからず賜與されたであろう。ここで注目すべきは、そうした二千人のなかに、劉裕の參謀で西華縣五等子に封じられた劉穆之、資中縣五等侯に封じられた沈林子らが存在することである（後掲附表參照）。とすれば、このときの軍功褒賞として「五等爵」が賜與されたことは確かなこととされよう。

また、義熙六年五月、劉裕は盧循討伐に際し、『宋書』巻一武帝紀上に、

> 大いに賞募を開き、身を投じて義に赴く者、一に京城に登るの科に同じうす。（大開賞募、投身赴義者、一同登京城之科。）

とあるように、「京城に登るの科に同じ」賞募を行った。史料中の「京城」は京口を意味するが、[11] 先述した桓玄討伐の史料に、「京口・廣陵の二城を平らぐる」者に對し軍功褒賞として「五等爵」が賜與されたとある。さらに、盧循討伐に際し、博陸縣五等子に封じられた王鎭惡、吳平縣五等子に封じられた胡藩など、「五等爵」を賜與された者が存在している（後掲附表參照）。從って、桓玄のみならず盧循討伐のときも、軍功褒賞として「五等爵」が賜與されたとされよう。

では、なぜこの「五等爵」は虛封であったのだろうか。軍功褒賞について考えた際、虛封よりも有封の五等開國爵の方がその效果を期待できることは言うまでもなかろう。とすれば、そこには義熙二・六年において、虛封の「五等爵」を賜與せざるを得ない原因があったのではないだろうか。

有封の五等開國爵を賜與しようとした場合、問題となるのはその財政的基盤である。すなわち、五等開國爵の受爵

者には、當時その封邑から田租の九分の一もしくは十分の一が與えられることになっていた。[12]しかし、元興中、「兵革屢々興り、荒饉荐りに及ぶ。（兵革屢興、荒饉荐及。）」による財政的逼迫を受け、太尉として輔政にあたっていた桓玄は銭を廢するよう提言している。その目的は「公を利し國を富ます。（利公富國。）」ためであったが、これは東晉南朝における財政改革の中でも極めて異例の提言である（『宋書』巻五六孔琳之傳）。また、劉裕による義熙九年の土斷は、豪族の山澤占有で生じた「王府の蓄、變じて私藏と爲る。（王府之蓄、變爲私藏。）」（『宋書』巻四二史臣曰の條）という狀況を打開し、「財阜んにして國豐かなり。（財阜國豐。）」という狙いもあって行われたものであった（『宋書』巻二武帝紀中）。この土斷に多くの豪族が反對することは言うまでもない。つまり、義熙二・六年の財政は、こうした改革の斷行さえ必要とするほど弱體化していたのである。

さらに、西晉武帝のとき、五等開國爵の封國は五百餘が存在していた（『晉書』巻四八段灼傳）。五等開國爵は西晉の受禪の前年、すなわち咸熙元年（二六四）に始まった制度である。一方、劉裕が起義の褒賞として五等開國爵を賜與したのはわずか二十三人に過ぎない（『太平御覽』巻二〇〇封建部三、功臣封の條に引く「晉中興書」）。これは西晉武帝のときの二十分の一にも滿たない。しかも、東晉における封國からの收入は、西晉の三分の一以下であった。もちろん起義より前の封國も存在するだけに單純な比較は愼まなければならないが、のちに新王朝を建立するという共通點に注目した際、劉裕の場合は西晉にくらべ極めて少ないとされよう。

かりに財政が逼迫していたとしても劉裕が東晉王朝において絶大な權力を有していたとすれば、起義より前に存在した封國の一部を廢止し、より多くの開國爵の賜與に踏み切ることも可能であったかもしれない。しかし、義熙二年において劉裕は未だ建康に入輔しておらず、また同六年においても入輔に成功したとはいえ、いまだ劉裕の最大のライバルである劉毅の存在があった。それだけに、劉裕の權力はいまだ劉宋建國後ほど確立していなかったと言える。

では、このような状況の下で、約二千人に軍功褒賞を行うとすれば、どのような方法が考えられるであろうか。この點に關連して、『藝文類聚』巻五一封爵部、總載封爵の條に引く魏の王粲「爵論」に、

> 貨財を以て賞と爲せば、供すべからず。復除を以て賞となせば、租稅損減す。爵を以て賞と爲せば、民勸みて費省く者なり。（以貨財爲賞者、不可供。以復除爲賞者、租稅損減。以爵爲賞者、民勸而費省者。）[13]

とあるのは參考になるであろう。すなわち、軍功褒賞として大規模な財政支出と租稅免除を行った場合、財政的負擔が大きいこと、これに對し民爵を賜與した場合は前二者と同じ效果が期待できる上に財政支出も抑えられるとしている。「五等爵」もこの民爵と同樣、虛封の爵位であっただけに、その賜與は財政的負擔を抑えて軍功褒賞が行えるという點で民爵と同樣の效果があっただろう。從って、義熙二・六年に虛封の「五等爵」が賜與されたのは、その財政が逼迫していたこと、劉裕の權力が劉宋建國後ほど確立していなかったことが大きな理由であったと考えられる。

ところで、虛封の爵位については、それを單なる名譽號の意味しかもたないとする向きもあろう。この點に關連して、先に引いた「爵論」の別の佚文が、『太平御覽』一九八封建部一、爵の條に引かれている。すなわち、

> 爵一級より轉じて十級に登り、而して列侯と爲る。譬ふるに猶ほ秩百石より轉遷し、而して公に至るがごときなり。……夫れ稍稍として爵を賜へば、功の大小と相稱ひ、而して倶に登り既に其の義を得。且つ侯次に緒有れば、慕進する者をして之を逐ひて倦まざらしむるなり。（爵自一級轉登十級、而爲列侯。譬猶秩自百石轉遷、而至於公也。……夫稍稍賜爵、與功大小相稱、而倶登既得其義。且侯次有緒、使慕進者逐之不倦矣。）

とあり、漢代では列侯に至るまでに、その下級の爵位を一段ずつ昇っていくものであり、下級の爵位の存在は一度に大きな軍功をあげなくとも、少しずつ積んでいけばやがて有封の列侯に辿り着くことを可能にしたことが述べられている。史料中の「侯次に緒有れば、慕進する者をして之を逐ひて倦まざらしむるなり」とは、列侯に至るまでに必要

とされる下級の爵位が端緒となれば、それを目標とする者は軍功褒賞として下級の爵位を賜與されても列侯に近づいたことになるので倦厭しないといった意味である。では、この點は「五等爵」についてみた際、どのようであったのだろうか。

錢大昕は「五等爵」を賜與された者の多くが、さらに功績を積んで五等開國爵を賜與されている例をあげている。當時の五等開國爵は寒門武人にとって占者に封侯の相があると言われ歡喜した者もいるほど、非常に貴重な軍功褒賞であった(14)。「五等爵」の受爵者には附表にあげたように、劉穆之・檀道濟・趙倫之・孟龍符・孫處・劉鍾・虞丘進・劉簡之・劉道憐・臧熹・沈淵子・沈田子・沈林子・孟懷玉・向靖・劉粹・吉翰・王鎭惡・蒯恩・沈攸之といった寒門武人が存在する。こうした寒門武人たちにとって「五等爵」はたとえ虚封であったとしてもその獲得が開國爵により近づいたことになるだけに、民爵と同樣、軍功褒賞としての效果を持ち得たと考えられる。

小結

從來、「五等爵」については、以下の二點が指摘されていた。①「五等爵」は桓玄討伐のとき多く賜與された。②虚封の爵位である。

筆者は①について、義熙二年の桓玄討伐のときに加え、それだけでなく義熙六年の盧循討伐のときといった北府で二度の大規模な募兵を行った際に、「五等爵」が軍功褒賞として效果をあげたこと、受爵者の中には會稽・吳興などの出身者が存在し、彼らが果たした役割も決して小さいものではなかったことなどを明らかにした。②については、なぜ虚封の爵位が多く賜與されたのかという問題を考察し、その原因として財政の逼迫および民爵との共通點の存在を指摘した。

かかる「五等爵」の存在は、淝水の戰いの前後まで北府兵士の主體が兵戸・白籍戸であったことを踏まえるとき重い意味をもってくる。すなわち兵戸・白籍戸はそれまで主に華北の僑民からなっていた。一方、「五等爵」の受爵者には、京口に移住した僑民のみならず江南出身者も存在した。とすれば、このころから劉裕による兵源確保という状況のもとで、それまでの僑民、江南出身者の立場をこえた新たな軍事體制の萌芽が見られることになるのである。(15)

右を踏まえた上で、最後に「五等爵」が賜與されなくなった原因についてみておきたい。周一良氏は、「五等爵」が劉裕の實力が強大になるまでの臨時的制度であったとされる。筆者は氏の見解に贊同するものであるが、虚封の爵位と江南出身者の吸收は、劉宋建國後も極めて重要であったと考えられる。

すなわち、「五等爵」の最後の賜與がおこなわれた孝武帝期においては、元嘉二十七年の北伐失敗やそれに伴う軍事費の増大もあって、劉宋王朝が衰退し始めたことが傳えられている（『宋書』巻九二良吏傳序）。たとえば元嘉二十七年の北伐のとき、皇族、官僚、富民らによって錢が獻られたが、それでも軍事費が不足したため、揚・南徐・兗・江の四州における富民、佛僧からさらに借錢するといった施策が行われている（『宋書』巻九五索虜傳）。それだけに、元嘉二十七年の北伐失敗を受けた劉宋王朝において、華北を統一した北魏との全面戰爭に耐え得る十分な體力が存在していたとは考え難い。

こうした狀況の下で、孝武帝期において「五等爵」のもつ虚封、江南出身者の吸收といったことが必要なくなるであろうか。否、むしろ北魏の華北統一後における全面戰爭とそれに伴う軍事費の増大をあわせ考えると、王朝にとってその必要性は從前に比べより一層高まったであろう。

では、なぜ「五等爵」の賜與は見られなくなるのであろうか。「五等爵」の最後の賜與は、史料中に確認できる限り劉宋孝武帝の大明五年（四六一）である（後掲附表參照）。これに對し、南朝の民爵は孝武帝の孝建元年（四五四）から、三年に一回の割合で賜與されている。[16] すなわち、軍功褒賞として虚封の爵位を賜與するという點からすると、劉宋孝武帝のころを境として「五等爵」から民爵の賜與への時期的な移行が見られるのである。

さらに、原本『玉篇』巻九絲部、級の條に、南朝の顧野王が民爵一級を賜うことについて、

野王案ずるに、官仕卑きより高きに之くこと、猶ほ階梯のごとし。而して升ること一命一等よりする所をば、名づけて階級と爲すなり。（野王案、官仕自卑之高、猶階梯。而升所從一命一等、名爲階級也。）

とあり、少しずつ積んでやがて高みに辿り着くものであったとしている。南朝では民爵が漢よりも頻繁に賜與されたが、顧野王は官僚となり政治に關與しているだけに、かかる南朝の民爵がもつメリットを當然、知っていたはずである。從って、彼の案語が當時における民爵の狀況を全く無視したものであったとは考え難い。とすれば、右は南朝の民爵にも「五等爵」と同樣、開國爵への接近というメリットが存在したことを示すとされよう。

こうしたことを踏まえつつ、いまその移行がなされた時代背景について、「五等爵」と民爵の相違點を明らかにしながら見てみよう。まず兵士數という點で、兩者には極めて大きな差異が存在した。「五等爵」の受爵者は、後掲附表に示した各列傳に記載されているごとく、一介の兵士ではあり得ない。彼らの中には、私兵をもつ豪族も存在する。その場合、豪族だけでなく、その私兵も政權內に取り込むことができたであろう。ただし、その兵士數は庶民男子の全てにまで及んでいないだけに、徵兵にくらべ少なくならざるを得ない。

一方、民爵は廣範な庶民の軍事動員を目的とした施策であった。かかる徵兵と民爵はすべての庶民男子に及ぶ廣範なものであるだけに、政治、社會に及ぼす影響が極めて大きい。東晉末における劉裕の權力は未だ强大ではなかった。一方、孝武帝は劉宋王朝の皇帝であり、帝權强化にもとづく諸改革を行っている。とすれば、元嘉二十七年の北伐失

敗をへて僑民に代わる兵力の必要性がより切迫していたことのみならず、兩者のもつ權力が相違したことも「五等爵」から民爵への移行を促した原因であったとして大過ないであろう。右の私見が當を得たものであるとすれば、江南政權の軍事面からみた際、虛封の爵位の賜與は僑民に依存した體制から江南に立脚した體制への變化という點できわめて重要な意義をもつものであったと考えられる。

註

（1）西嶋定生「爵制」（『アジア歷史事典』第四巻、二三〇頁、平凡社、一九六〇年）參照。

（2）西嶋氏『中國古代帝國の形成と構造――二十等爵制の研究――』（東京大學出版會、一九六一年）、同氏『中國古代國家と東アジア世界』一六五～一六六頁（東京大學出版會、一九八三年）參照。西嶋說に對する批判は、增淵龍夫『新版　中國古代の社會と國家』五五頁（岩波書店、一九九六年）、籾山明「爵制論の再檢討」（『新しい歷史學のために』一七八號、一九八五年）、同氏「皇帝支配の原像――民爵賜與を手がかりに」（松原正毅編『王權の位相』弘文堂、一九九一年）參照。

（3）拙稿「魏晉南朝の民爵賜與について」（『九州大學東洋史論集』第三〇號、二〇〇二年）參照。本書第一編第一章收載。

（4）西嶋氏註（2）『中國古代帝國の形成と構造――二十等爵制の研究――』一一二頁參照。同樣の表現は、同著第五章第二節三「軍制の變化」にも見受けられる。なお、漢王朝における民爵と徵兵制との關係を考える際、光武帝による郡國兵の廢止をどのようにとらえるかが問題となる（濱口重國「光武帝の軍備縮小と其の影響」『東亞學』第八輯、一九四三年。のち『秦漢隋唐史の研究』上巻第一部第七、東京大學出版會、一九六六年所收）。この點について、筆者は小林聰「後漢の軍事組織に關する一考察――郡國常備兵縮小後の代替兵力について――」（『九州大學東洋史論集』第一九號、一九九一年）にしたがい、後漢時代においても度重なる徵兵が行われていたとする見解に贊同するものである。

（5）註（3）拙稿參照。

（6）濱口氏「兩晉南朝に於ける兵戶と其の身分」（『史學雜誌』第五二編第三號、一九四一年）、「魏晉南朝の兵戶制度の研究」（『山梨大學學藝學部紀要』第二號、一九五七年。のち同氏註（4）著書第一部第九・一〇所收）、唐長孺「晉書趙至傳中所見的曹魏士家制度」（『魏晉南北朝史論叢』三聯書店、一九五五年。のち『唐長孺文集』一、中華書局、二〇一〇年所收）、安田二郎「僑州郡縣制と土斷」（川勝義雄・礪波護編『中國貴族制社會の研究』京都大學人文科學研究所、一九八七年。のち『六朝政治史の研究』第Ⅲ編第一一章、京都大學學術出版會、二〇〇三年所收）參照。濱口氏は、東晉王朝が常備軍の再整備のため、兵戶に新たに僑民を多數あてる施策を積極的に行ったことを示唆しておられる（同氏註（4）著書三九七頁）。氏の指摘した兵戶の集團的解放地（建康・南彭城・廣陵・歴陽・尋陽・襄陽・江陵・竟陵など）と僑民の定着先が一致することを踏まえると、右の示唆は當を得たものとされよう。

（7）周年昌「東晉北府兵的建立及其特點」（『魏晉隋唐史論集』第二期、一九八三年）、牟元珪「東晉北府兵概論」（『軍事歴史研究』一九八八年第一期、一九八八年）參照。

（8）周一良「五等爵無食邑」（『魏晉南北朝史札記』、中華書局、一九八五年。のち『周一良集』第二卷、遼寧教育出版社、一九九八年所收）參照。

（9）葭森健介「晉宋革命と江南社會」（『史林』第六三卷第三號、一九八〇年）參照。

（10）高素の子である雅之は、劉牢之の娘婿であった。この點については、田餘慶『東晉門閥政治』二四九頁（北京大學出版社、二〇〇五年）參照。

（11）王鳴盛『十七史商榷』卷五四「丹徒京口京城北府京江北京」、周一良「京城與京邑」（同氏註（8）著書所收）參照。

（12）越智重明「國秩」（『魏晉南朝の政治と社會』第二篇第四章第六節、吉川弘文館、一九六三年）、藤家禮之助「西晉諸侯の秩奉」（『東洋史研究』第二七卷第二號、一九六八年。のち『漢三國兩晉南朝の田制と税制』第二章第三節、東海大學出版會、一九八九年所收）、楊光輝「祿俸禮秩」（『漢唐封爵制度』第二章第三節、學苑出版社、一九九九年）參照。

（13）なお、西嶋氏註（2）『中國古代國家と東アジア世界』一六五頁は、史料中の「爵」を民爵としておられる。筆者は氏の見解に賛同するものである。

（14）楊氏註（12）著書一九六～一九八頁參照。

(15) 謝玄のときの募兵には、晉陵郡の孫無終という江南出身者が應じている。しかし、田氏註(10)著書一七八頁にあるように、謝玄のときの募に應じたのは、主に太元元年(三七六)に徙された淮北からの流民であった。從って、孫無終の場合は、江南出身者の軍事參加の先驅ととらえることも可能であろう。ただし、これは事例が一例しか見受けられないので、その萌芽はやはり「五等爵」の賜與以後であったと考えられる。

(16) 註(3)拙稿參照。

附表　「五等爵」受爵者表

受爵者	「五等爵」	出身郡	受爵の時期	出典
王弘	華容縣五等侯	琅邪	元興三年(四〇四)三月壬戌～義熙十一年(四一五)	『宋書』巻四二王弘傳
徐廣	樂成縣五等侯	東莞	義熙元年(四〇五)	『宋書』巻五五徐廣傳
劉穆之	西華縣五等子	同右	義熙二年(四〇六)十月	『宋書』巻四二劉穆之傳
檀道濟	吳興縣五等侯	高平	同右	『宋書』巻四三檀道濟傳
趙倫之	閬中縣五等侯	下邳	同右	『宋書』巻四六趙倫之傳
孟龍符	平昌縣五等子	平昌	同右	『宋書』巻四七孟龍符傳
孫處	新夷縣五等侯	會稽	同右	『宋書』巻四九孫處傳
劉鍾	安丘縣五等侯	彭城	同右	『宋書』巻四九劉鍾傳
虞丘進	龍川縣五等侯	東海	同右	『宋書』巻四九虞丘進傳

劉簡之	晉安縣五等侯	彭城	同右	『宋書』巻五〇劉康祖傳・巻六五劉道産傳
劉道憐	新興縣五等侯	彭城	同右	『宋書』巻五一長沙王道憐傳
袁湛	晉寧縣五等男	陳郡	同右	『宋書』巻五二袁湛傳
庾登之	曲江縣五等男	潁川	同右	『宋書』巻五三庾登之傳
江夷	州陵縣五等侯	濟陽	同右	『宋書』巻五三江夷傳
臧熹	始興縣五等侯	東莞	同右	『宋書』巻七四臧質傳
沈淵子	繁時縣五等侯	呉興	同右	『宋書』巻一〇〇沈淵子傳
沈田子	營道縣五等侯	同右	同右	『宋書』巻一〇〇沈田子傳
沈林子	資中縣五等侯	同右	同右	『宋書』巻一〇〇沈林子傳
孟懷玉	鄱陽縣五等侯	平昌	同右	『南史』巻一七孟懷玉傳
向靖	山陽縣五等侯	河內	義熙三年（四〇七）	『宋書』巻四五向靖傳
劉粹	西安縣五等侯	沛郡	義熙六年（四一〇）二月丁亥～四月壬午	『宋書』巻四五劉粹傳
吉翰	建城縣五等男	馮翊	義熙六年（四一〇）二月丁亥～十一年（四一五）	『宋書』巻六五吉翰傳
王鎮惡	博陵縣五等子	北海	義熙六年（四一〇）五月～八年（四一二）三月	『宋書』巻四五王鎮惡傳
胡藩	呉平縣五等子	豫章	義熙六年（四一〇）十二月～八年（四一二）三月	『宋書』巻五〇胡藩傳
王鎮之	華容縣五等男	琅邪	義熙七年（四一一）二月壬午～十二年（四一六）十月	『宋書』巻九二王鎮之傳

庾悅	新陽縣五等男	潁川	義熙七年（四一一）〜八年（四一二）三月	『宋書』巻五二庾悅傳
王誕	作唐縣五等侯（追封）	琅邪	義熙九年（四一三）	『宋書』巻五二王誕傳
袁豹	南昌縣五等子（追封）	陳郡	義熙十年（四一四）	『宋書』巻五二袁豹傳
蒯恩	北至縣五等男	蘭陵	同右	『宋書』巻四九蒯恩傳
謝述	吉陽縣五等侯	陳郡	同右	『宋書』巻五二謝述傳
沈叔任	吉陽縣五等侯	吳興	同右	『宋書』巻六三沈演之傳
王智	建陵縣五等子	琅邪	義熙十二年（四一六）十月	『宋書』巻八五王景文傳
劉式之	德陽縣五等侯（追封）	東莞	義熙十三年（四一七）九月〜元嘉年間	『宋書』巻四二劉式之傳
朱超石	興平縣五等侯	沛郡	義熙十四年（四一八）六月	『宋書』巻四八朱超石傳
袁洵	南昌縣五等子	陳郡	義熙年間〜大明元年（四五七）	『宋書』巻八四袁顗傳
鄭鮮之	龍陽縣五等子	滎陽	永初二年（四二一）	『宋書』巻六四鄭鮮之傳
蕭承之	晉興縣五等男	蘭陵	元嘉十九年（四四二）五月〜二十四年（四四七）	『南齊書』巻一高帝紀上
沈攸之	平樂縣五等侯	吳興	元嘉三十年（四五三）	『宋書』巻七四沈攸之傳
王彧	始平縣五等男	琅邪	元嘉年間	『宋書』巻八五王景文傳、『南齊書』巻四九王繢傳
顧琛	永新縣五等侯	吳郡	孝建元年（四五四）	『宋書』巻八一顧琛傳
王僧達	寧陵縣五等侯	琅邪	大明元年（四五七）	『宋書』巻七五王僧達傳

劉勔	金城縣五等侯	彭城	大明三年（四五九）	『宋書』巻八六劉勔傳
沈文季	山陽縣五等侯	吳興	大明五年（四六一）	『南齊書』巻四四沈文季傳

第三章　劉宋孝武帝の戶籍制度改革について

はじめに

本章では、表題に掲げた劉宋孝武帝の戶籍制度改革について考察する。この戶籍制度改革に關して、從來の見解は大きく二つに分かれている。

その一は、魏晉において士籍・庶籍の區別があったが、孝建元年（四五四）に戶籍制度改革が行われ、士庶の戶籍區別が一本化されたとするものである(1)。

その二は、魏晉南朝を通じ戶籍は士庶ともに單一であったとし、孝建元年の施策を戶籍制度改革であったと考えない。そして、元嘉二十七年（四五〇）の兵役徵發に際し下級士人の免役條件（基本的に九品官以上）が明確にされた結果、庶民が籍注の冒稱により免役範圍內へ大量に參入するようになり、それに對し大明五年（四六一）、檢籍・却籍という規制・禁止措置がとられたとする(2)。

前者の見解に立つ研究者は、士籍の存在を示す主な根據として、『晉書』卷一一三苻堅載記上に、苻堅が永嘉の亂以來廢れていた西晉の太學を復興したときのこととして、「魏晉の士籍を復し、役をして常有らしむ。（復魏晉士籍、使役有常。）」とあり(3)、『晉書』卷一二四慕容寶載記に、慕容寶が父垂の遺令に從ったことを載せて、「士族の舊籍を定め、其の官儀を明らかにす。（定士族舊籍、明其官儀。）」とある記事などを擧げる。しかし、筆者は戶籍が士庶ともに單一であったとする說に從う立場から、史料中の「士籍」、「士族の舊籍」について、士籍の存在を示すものでなく、籍注により士人か否かを判別したものと考える。

後者は後述の大明五年の詔に見える「近ごろ籍 新制に改む（近籍改新制）」という史料の「制」を制度でなく、何らかの規制・禁止の意味の語と解釋する。しかし、そのように解釋した場合、「近籍新制」すなわち「近ごろ籍 新たに制す」の表現で足り、「改」の字がうきあがってしまう。さらに、魏晉南北朝時代の史書において「改制」とした表記の場合、「制」を何らかの規制・禁止の意味にとる用法は、管見の及ぶ限りみられない。一方、『宋書』卷七前廢帝紀に、前廢帝の大明八年（四六四）七月乙卯のときのこととして、「孝建以來 改むる所の制度、還た元嘉に依る。（孝建以來所改制度、還依元嘉。）」とあるように、「改制」となった場合の「制」を「制度」の意味の語とする事例は、史書中において實際に確認することができる。(4) 右から「制」は制度の意味であり、「近籍改新制」とは詔の出された大明五年ごろ、孝武帝により何らかの戶籍制度改革が施行されたことを示すと考えられる。

さらに、後者は元嘉二十七年の兵役徵發以後、庶民が大量に免役範圍內へ參入するのは、それまで下級士人に對し制度的保證の基準が不明確であったためとしている。しかし、九品官以上に對する制度的保證は免役を含め、占田・給客に關する規定など、元嘉二十七年より前においてすでに存在していた（『晉書』卷二六食貨志）。このことは元嘉二十七年より前に士人の最低線が九品官とされ、彼らには免役などの制度的保證について明確な基準があったことを示している。從って、右の見解は、なぜこのころから庶民が大量に免役範圍內へ參入するようになったのかという問いに對し、十分に答えていないとされよう。

むしろ、ここで問題にすべきは、なぜ元嘉二十七年の規定が兵役徵發に關わるものであったのかについてである。すなわち、東晉の兵役は主として兵戶(5)・白籍戶(6)により負擔されており、その一方、經濟的負擔は黃籍戶によりになわれていた。しかし、兵戶・白籍戶を中心とする軍事體制は、東晉末から劉宋初において衰退したことがすでに指摘されている。とすれば、當然、劉宋王朝は兵戶・白籍戶に代わる兵源を確保しなければならない。そこで新たに黄籍戶の庶民を徵發する必要が生じたが、彼らはそれに抵抗し兵役を逃れるために籍注の冒稱を始めたと考えられないであろうか。

また、前者、後者に共通していえることであるが、從來の見解は大明五年の詔における「近籍改新制」の五文字に注目するのみであり、「近籍改新制」をそれを含む詔全體との關連から考察することがなかった。しかし、そうした部分的な理解でなく、詔における一連の文脈の中で「近籍改新制」のもつ意味を考察することが不可缺であると筆者は考える。では、右に述べたように「近籍改新制」が士庶の戶籍の一本化でないとした場合、それは一體どのような內容をもつ戶籍制度改革であったのだろうか。

後述するように、この詔は孝武帝が大明五年二月癸巳において、軍事と關係が深い閱武儀禮の際に出したものである。さらに、第一編第一章で示したように、孝武帝は戶籍制度改革と前後し、それまで江南政權でほとんど見られなかった民爵の賜與を頻繁に行うようになる(7)。漢簡や吳簡の場合に見られるように、戶籍制度と民爵とは互いに密接に關連している。從って、このときの戶籍制度改革は、軍事、民爵と何らかの關わりをもつことが考えられよう。

本章は以上の問題關心から、劉宋孝武帝の戶籍制度改革について、大明五年の詔にみえる「伐蠻の家」の實體、「鰥貧疾老」の解釋と戶籍制度改革の意義、黄籍戶への民爵賜與と戶籍制度改革に對する抵抗といった點から考察し、以てその歷史的意義を明らかにせんとするものである。

第一節　詔における「伐蠻の家」の實體

まず、次節以下をも含めた行論の關係から、『宋書』巻六孝武帝紀、大明五年二月癸巳の條にみえる當該の詔に、以下のような（A）～（D）までの記號・傍線を付す。

> 車駕 閲武す。詔して曰はく、昔人 稱すらく、人 何れをか先にせんと道へば、兵に於いて首めと爲す、と。淹紀用ふること勿しと雖も、之を忘るれば必ず危し。朕 聽覽の餘間を以て、時に因りて事を講ずるに、坐作に儀有り、進退に爽ふ無し。軍幢以下、普く量りて班錫す。この頃 化するも孚する能はず。而して民 (A)未だ禁を知らず、役より逭れ調に違ひ、刑網に起觸す。(B)凡そ諸々の逃亡、今の昧爽以前に在りて、悉く皆な原赦す。(C)已に囹圄に滯る者は、釋して本役に還す。其れ逋負の大明三年以前に在りては、一に原停を賜ふ。此より以還、鰥貧疾老、申減する所を詳かにす。(D)伐蠻の家、租稅の半ばを蠲く。近ごろ籍 新制に改め、在所[8] 承用す。殊謬 實に多ければ、普く更に符下すべし。今まを以て始めと爲すを聽す。先に已に制を犯すが若きも、亦た同じく蕩然たり、と。（車駕閲武。詔曰、昔人稱、人道何先、於兵爲首。雖淹紀勿用、忘之必危。朕以聽覽餘間、因時講事、坐作有儀、進退無爽。軍幢以下、普量班錫。頃化弗能孚。而民未知禁、逭役違調、起觸刑網。凡諸逃亡、在今昧爽以前、悉皆原赦。已滯囹圄者、釋還本役。其逋負在大明三年以前、一賜原停。自此以還、鰥貧疾老、詳所申減。伐蠻之家、蠲租稅之半。近籍改新制、在所承用。殊謬實多、可普更符下。聽以今爲始。若先已犯制、亦同蕩然。）

筆者は「はじめに」において、從來の見解は波線部「近籍改新制」（近ごろ籍 新制に改む）の五文字に注目するのみであり、詔全體との關連から考察することがなかったと述べた。以下ではこうした立場から、「近籍改新制」の意味するところを究明していきたい。

さて、右の詔はまず昔から兵が重要であったこと、閲武儀禮に參加した兵士に對し恩典を賜與したことを述べ、（A）～（D）に至る。筆者は「近籍改新制」を考察する上で最初の手がかりとなるのが、（D）「伐蠻の家」であると考える。從って、本節では順序は逆になるが論の展開の都合上、この「伐蠻の家」の實體について考察し、次節以下で（A）～（C）についても檢討を加え、詔全體との關連から波線部「近籍改新制」のもつ意味を明らかにしていくこととする。

まず、「伐蠻の家」の實體についてであるが、すでに明らかにされているように、魏晉南朝には蠻と呼ばれる非漢族が湖北・湖南・江西などの地域にわたり多數存在していた。(9)『宋書』卷九七夷蠻傳、史臣曰の條に、文帝後半において、その蠻に對し大規模な討伐が行われたことを載せて、

元嘉 將に半ばならんとしてより、寇慝 彌々廣く、遂に數州に盤結し、邦邑を搖亂す。是に於いて將に命じ師を出だし、恣に誅討を行わしむ。江漢以北より、廬江以南まで、山を搜し谷を盪ひ、兵を窮め武を罄くす。繫頸囚俘、蓋し數百萬を以て計ふ。（自元嘉將半、寇慝彌廣、遂盤結數州、搖亂邦邑。於是命將出師、恣行誅討。自江漢以北、廬江以南、搜山盪谷、窮兵罄武。繫頸囚俘、蓋以數百萬計。）

とあり、元嘉年間の半ばごろから、蠻が「江漢以北より、廬江以南まで」において大規模な反亂を起こし、鎮圧を受けたことが述べられている。

いま「伐蠻の家」の實體を明らかにするために、史料中の「江漢以北より、廬江以南まで」について詳しくみてみよう。ここでいう「江漢以北」とは雍州と荊州を指す。まず雍州については、『宋書』卷六五劉道產傳に、元嘉八年（四三一）から十九年（四四二）まで、劉道產が雍州刺史として蠻に對し大きな治績をあげたことを載せて、

臨民を善くし、雍部に在りて政績尤も著はる。蠻夷の前後叛戻し化を受けざる者、竝びに皆な順服し、悉く出で沔に緣りて居を爲す。百姓業を樂しみ、民戶豐贍す。此より襄陽樂歌有り。道產より始まるなり。……十九年卒す。（善於臨民、在雍部政績尤著。蠻夷前後叛戻不受化者、竝皆順服、悉出緣沔爲居。百姓樂業、民戶豐贍。由此有襄陽樂歌。自道產始也。……十九年卒。）

とあり、また『宋書』巻九七荊・雍州蠻傳に、劉道產の死後、雍州蠻による大きな反亂が生じた際、武陵王駿（のちの孝武帝）が鎭壓をおこなったことを載せて、

是より先、雍州刺史劉道產善く諸蠻を撫し、前後官に附せざる者、順服せざる莫し。皆な平土に引出し、多く沔に緣りて居を爲す。道產亡するに及び、蠻又た反叛す。世祖出でて雍州と爲るに及び、羣蠻道を斷ち、擊ちて大いに之を破る。（先是、雍州刺史劉道產善撫諸蠻、前後不附官者、莫不順服。皆引出平土、多緣沔爲居。及道產亡、蠻又反叛。及世祖出爲雍州、羣蠻斷道、擊大破之。）

とある。武陵王駿は元嘉二十二年において、「都督雍・梁・南北秦四州・荊州の襄陽・竟陵・南陽・順陽・新野・隨六郡諸軍事」に就官している（『宋書』巻六孝武帝紀）。雍州蠻の反亂を鎭壓しているだけに、このときの討伐に活躍したのは當然、雍州都督府に屬する兵士が中心であったとされよう。

次に荊州については、『宋書』巻九七荊・雍州蠻傳に、

天門漊中令宗矯之傜賦は過重にして、蠻命に堪えず。（元嘉）十八年、蠻の田向求等寇を爲し、漊中を破り、百姓を虜略す。荊州刺史・衡陽王義季行參軍曹孫念を遣はし討ちて之を破らしむ。……二十四年、南郡臨沮の當陽蠻反し、臨沮令傅僧驥を縛る。荊州刺史・南譙王義宣中兵參軍王諶を遣はし討ちて之を破らしむ。（天門漊中令宗矯之傜賦過重、蠻不堪命。十八年、蠻田向求等爲寇、破漊中、虜略百姓。荊州刺史・衡陽王義季遣行參軍曹孫念討破之。……

二十四年、南郡臨沮當陽蠻反、縛臨沮令傅僧驥。荊州刺史・南譙王義宣遣中兵參軍王諶討破之。）

とあり、荊州蠻が元嘉十八・二十四年に反亂を起こし、それぞれ衡陽王義季、南譙王義宣により討伐されたことが述べられている。右の荊州蠻を討伐したとき、衡陽王義季は「荊・湘・雍・益・梁・寧・南北秦八州諸軍事」（『宋書』巻六一衡陽王義季傳）、南譙王義宣は「都督荊・雍・益・梁・寧・南北秦七州諸軍事」（『宋書』巻六八南郡王義宣傳）に就官していた。とすれば、かかる蠻の反亂の鎮壓も、荊州都督府を中心とした軍府に所屬する兵士により行われたであろう。

また、「江漢以北より、廬江以南まで」のうち、右の雍州蠻、荊州蠻と竝んで、元嘉年間に反亂をおこした蠻に豫州蠻が存在する。豫州蠻については、『宋書』巻九七豫州蠻傳に、

元嘉二十八年、西陽蠻 南川令劉臺を殺し、其の家口を幷す。二十九年、新蔡蠻二千餘人 大雷戍を破り、公私の船舫を略し、悉く引きて湖に入る。亡命司馬黑石の蠻中に在る有りて、共に寇盜を爲す。（元嘉二十八年、西陽蠻殺南川令劉臺、幷其家口。二十九年、新蔡蠻二千餘人破大雷戍、略公私船舫、悉引入湖。有亡命司馬黑石在蠻中、共爲寇盜。）

とあり、『宋書』巻六孝武帝紀に、元嘉二十八年のこととして、

都督江州・荊州の江夏・豫州の西陽・晉熙・新蔡四郡諸軍事、南中郎將、江州刺史に遷り、持節 故の如し。時に緣江の蠻 寇を爲す。太祖 太子步兵校尉沈慶之等を遣はし之を伐たしめ、上（武陵王駿）をして衆軍を總統せしむ。（遷都督江州・荊州之江夏・豫州之西陽・晉熙・新蔡四郡諸軍事、南中郎將、江州刺史、持節如故。時緣江蠻爲寇。太祖遣太子步兵校尉沈慶之等伐之、使上總統衆軍。）

とあるように、西陽蠻、新蔡蠻が文帝の末年に反亂を起こした際、劉宋王朝は雍州蠻のときと同樣、武陵王駿を「都督江州、荊州の江夏、豫州の西陽・晉熙・新蔡四郡諸軍事」として派遣し蠻討伐にあたらせているが、このとき中心となって活躍したのもやはり豫州の軍府の兵士であったであろう。

以上の考察より、大明五年二月癸巳の詔における「伐蠻の家」とは、文帝後半の蠻討伐に活躍した雍・荆・豫州といった軍府の兵士を指すとされよう。

第二節　「鰥貧疾老」の解釋と戶籍制度改革の意義

さて、前節で「伐蠻の家」が雍・荆・豫州といった軍府の兵士であることを述べた。つづいて、傍線部（C）「鰥貧疾老、申減する所を詳かにす」について考えてみよう。

「鰥貧疾老」はあくまで「鰥」（やもを）を問題にしているが、このことは當時における恤下などを記した詔が通例として「鰥寡孤獨」、すなわち「鰥」のほかに「寡」（やもめ）も對象としているのを踏まえたとき、かなり異様な表現といえよう。つまり、この詔で「申減する所を詳かにす」の對象となったのは、通例とは異なり男性のみであったのである。では、なぜ（C）の對象は男性のみであったのだろうか。

女性と異なり男性のみ負擔するもので、まず想起されるのは兵役であろう。さらに、「はじめに」でも述べたように、この詔は軍事と關わる閱武儀禮の際に出されている。このことと「鰥貧疾老」が兵士の徵發に堪えうるか否か疑問であることなどをあわせ考えると、（C）は兵役を負擔することが困難な「鰥貧疾老」に對する優遇措置であったとされよう。

この點に關連して、かつて濱口重國氏が兵戶の兵役年限の記事としてあげられた『宋書』卷一〇〇自序傳の記事に、文帝のときにおける沈亮の陳奏を載せて、

伏して西府の兵士を見るに、或いは年八十に幾きも、而も猶ほ伏隷す。或いは年　始めて七歲たるも、而も已に役

に從ふ。衰耗の體、氣用湮微にして、兒弱の軀、肌膚未だ實たず。而るに昏稚を伏勤し、傾晩を鶩苦せしむれば、理に於いて既に薄く、益を爲すこと實に輕し。書制すらく、老を休むるは六十を以て限と爲し、少きを役するは十五を以て制と爲す。若し力務めを周くせざれば、故より當に粗ぼ優減を存すべし、と。（伏見西府兵士、或年幾八十、而猶伏隷。或年始七歲、而已從役。衰耗之體、氣用湮微、兒弱之軀、肌膚未實。而使伏勤昏稚、鶩苦傾晩、於理既薄、爲益實輕。書制、休老以六十爲限、役少以十五爲制。若力不周務、故當粗存優減。）

とある。[10] 史料中の「老を休むるは六十を以て限と爲し、……若し力務めを周くせざれば、故より當に粗ぼ優減を存すべし」と「鰥貧疾老、申減する所を詳かにす」の内容が重なることは、かかる私見を支えるところがあろう。

右のごとく、この詔が閱武儀禮の際に出されていること、（C）と（D）がともに兵士を問題にしていることなどを踏まえると、「近籍改新制」が兵士の戸籍とまったく無關係であったとは考えがたい。とすれば、「近籍改新制」は何らかの形で兵士の戸籍を問題にするものであったとされよう。

いまこうしたことを踏まえつつ、東晉における兵士の戸籍であった兵戸・白籍戸について考えてみよう。「はじめに」で述べたように、東晉の兵役は兵戸・白籍戸により負擔されていた。[11] しかし、こうした軍事體制は東晉末から劉宋初において衰退する。このうち兵戸制度については、東晉後半から劉宋初にかけてその衰退にともない、王朝が彼らを解放したことがすでに指摘されている。そして、これは重要なことであるが、かかる兵戸の解放に關する記事は、劉宋孝武帝期より後、みられないのである。[12] 白籍戸については、從來、多くの先學により、劉裕による義熙九年（四一三）の土斷によって廢止されたことが指摘されている。[13] ただし、白籍廢止の時期に關して、筆者はいくぶん自分なりの見解をもっている。いま、この白籍が廢止された時期について考えてみたい。

白籍とは僑民がつく戸籍のことである。義熙土斷においては、白籍戸が多く存在した南徐州の晉陵郡が除外された。[14]

從って、少なくとも晉陵郡についていえば、義熙土斷以後も白籍戸は依然として存在していたことになる。白籍戸は兵役を負擔しており、田租に代表される經濟的負擔を行っていなかったが、『宋書』巻六孝武帝紀に、孝建元年（四五四）のこととして、

是の歳、始めて南徐州の僑民に租を課す。（是歳、始課南徐州僑民租。）

とあり、南徐州の僑民に對し、はじめて黄籍戸と同様、田租を課すようになったことが記されている。[15] 右から晉陵郡の白籍戸は義熙土斷以後も依然として存在し、彼らは兵役を負擔する代わりに田租を徴收されなかったとされよう。では、ほかの地域についてはどうであろうか。劉裕が義熙十二年（四一六）、第二次北伐で關中へ進攻した後、多くの僑民が襄陽付近に南下してきた。義熙九年に白籍が廢止されていたとすれば、當然、僑民は土着の庶民と同様に黄籍に附された結果、田租を徴收されるようになったはずである。しかし、『南史』巻一六王玄謨傳に、第二次北伐から約四十年後の大明元年（四五七）、雍州刺史であった王玄謨の土斷に關する奏上を載せて、

雍土に諸の僑寓多し。玄謨上言すらく、統ぶる所の僑郡に境土有る無く、新舊錯亂し、租課時ならず。宜しく幷合を加ふべし、と。（雍土多諸僑寓。玄謨上言、所統僑郡無有境土、新舊錯亂、租課不時。宜加幷合。）

とある。[16] 僑民と舊民の負擔が同一であり、單に彼らが雜居しているだけなら、彼ら全てから一律に「租課」を徴收しても何ら問題ないはずである。しかし、史料には雜居によって「租課時ならず」といった問題とすべき事態が生じたことが述べられている。では、なぜこうした事態が生じたのであろうか。それは僑民と舊民の負擔を同一にして「租課」を徴收できない理由が存在していたためではないだろうか。一律に徴收できないとすれば、そこには僑民と舊民の間で負擔が相違していたことが考えられよう。こうした負擔の相違が具體的に何であったかを検討するとき、先述した兵戸・白籍戸は軍事的負擔、黄籍戸は經濟的負擔とする考えは參考になるであろう。すなわち、僑民は兵戸・白

籍戸につき、江南土着民は黄籍戸につくといった制度が大明元年の雍州においても依然として存在していたため、かかる負擔の相違が生じたものと考えられる。ただし、大局的に見れば、白籍戸は劉宋初においてかなり減少していたであろう。(17)

さて、こうした從來の兵制の衰退もあって、文帝の時代には、兵源の確保が大きな政治的課題となっていた。その狀況が窺える史料として、『宋書』巻五文帝紀に、元嘉二十六年四月乙丑の詔を載せて、(18)

京口　祥を肇むること古よりす。……頃年　岳牧は遷回し、軍民（軍事に専門的に従事する戸を指す）(19)徙散して、廛里廬宇、往日に逮ばず。……諸州の移るを樂ふ者數千家を募り、給ふに田宅を以てし、并びに蠲復すべし。（京口肇祥自古。……頃年岳牧遷回、軍民徙散、廛里廬宇、不逮往日。……可募諸州樂移者數千家、給以田宅、并蠲復。）

とあり、東晉南朝においてもっとも重要な軍府である北府が荒廢し、軍事に専門的に従事する戸が減少した結果、劉宋王朝が新たに京口への移民を募る施策をとらざるを得なかったことが傳えられている。(20)にもかかわらず、翌年の元嘉二十七年、文帝は北魏へ北伐をおこなう。その際、必要となるのは、當然、新たな兵力である。これには二つの方法、すなわち徵兵と募兵が存在する。前者については、『宋書』巻九五索虜傳に、北伐と同年に行われた兵役徵發のことを載せて、

兵力　足らざるを以て、尙書左僕射何尙之　參議すらく、南兗州の三五民丁を發す。父祖・伯叔・兄弟の州に仕えて職　從事に居り、及び北徐・兗に仕えて皇弟・皇子の從事、庶姓の主簿、諸皇弟・皇子府の參軍督護、國三令以上、相府舍（人）(21)爲る者は、發例に在らず。（以兵力不足、尙書左僕射何尙之參議、發南兗州三五民丁。父祖・伯叔・兄弟仕州居職從事、及仕北徐・兗爲皇弟・皇子從事、庶姓主簿、諸皇弟・皇子府參軍督護、國三令以上、相府舍者、不在發例。）

とあり、新たに江北の南兗州において庶民を徵發したことが記されている。(22)後者の募兵については、右の記事に續け

て、

其の餘 悉く倩ひて蹔く行征せしむ。……又た天下の弩手を募りて、從ふ所を問はず。若し馬歩衆藝・武力の士にして科に應ずる者有れば、皆な厚賞を加ふ、と。有司 又た奏すらく、軍用 充たざれば、揚・南徐・兗（豫？）[23]・江四州の富有の民にして家資五千萬（ママ）に滿ち、僧尼にして二千萬（ママ）に滿つる者、竝びに四分して一を換へよ。此の率計を過ぐれば、事 息みて卽ち還せ、と。（其餘悉倩蹔行征。……又募天下弩手、不問所從。若有馬歩衆藝・武力之士應科者、皆加厚賞。有司又奏、軍用不充、揚・南徐・兗・江四州富有之民、家資滿五千萬、僧尼滿二千萬者、竝四分換一。過此率計、事息卽還。）

とあり、南兗州で免役條件に該當した者や弓馬をはじめとする武藝に秀でた者に對し召募が行われたこと、戰費不足を補うべく新たに「揚・南徐・兗（豫？）・江四州の富有の民」らから借錢したことなどが述べられている。結局、このときの北伐は北魏太武帝の反擊により失敗するが、その結果、『宋書』巻九二良吏傳序に、

元嘉二十七年に曁び、北狄 南侵して、戎役 大いに起こる。資を傾け蓄を掃ふも、猶ほ未だ供せざる有り。是に於いて賦を深くし斂を厚くすれば、天下 騷動す。茲れより孝建に至るまで、兵 連りに息まず。區區の江東、地方數千里に至らず、戶 百萬に盈たざるを以て、之に荐むるに師旅を以てし、之に因るに凶荒を以てす。宋氏の盛んなること、此より衰ふるなり。（曁元嘉二十七年、北狄南侵、戎役大起。傾資掃蓄、猶有未供。於是深賦厚斂、天下騷動。自茲至于孝建、兵連不息。以區區之江東、地方不至數千里、戶不盈百萬、荐之以師旅、因之以凶荒。宋氏之盛、自此衰矣。）

とあるように、これ以後、劉宋王朝における財政は衰耗した。從って、兵戶・白籍戶に代わる兵力を大規模な募兵によって補う體力は元嘉二十七年より後の劉宋王朝になく、それだけに從來、臨時的であった黃籍戶の庶民に對する兵役徵發が多く行われるようになったであろう。

さらに、『宋書』巻五三張永傳に、孝建二年（四五五）のこととして、

> 永建議して曰はく、……伏して將士の休假を見るに、多く三番を蒙る。程會既に促く、裝赴早きに在り。故に一歳の間、四たび遙路に馳せ、或いは春耜を遽かにするを失ひ、或いは秋登を要するに違ふ。公をして常儲を替め、家をして舊粟を闕かしむるを致す。利害を考定し、宜しく詳改を加ふべし。愚謂へらく、交代の限一年を以て制と爲し、征士の念をして、勞未だ積むに及ばず、遊農の望をして、收功歳ごとに成らしめよ、と。……（孝武帝）之に從ふ。（永建議曰、……伏見將士休假、多蒙三番。程會既促、裝赴在早。故一歳之間、四馳遙路、或失遽春耜、或違要秋登。致使公替常儲、家闕舊粟。考定利害、宜加詳改。愚謂、交代之限、以一年爲制、使征士之念、勞未及積、遊農之望、收功歳成。……從之。）

とあり、兵士の休暇が一年三番では移動に手間がかかり、耕作・收穫といった農作業に問題が生じるため、交代の期限を一年にしたことが記されている。當時、兵戸・白籍戸に代わる兵力の確保が王朝にとって喫緊の課題であったことを踏まえると、これはそれまで主として農業に從事していた黃籍戸に對し、兵役徵發を圓滑に行うための措置であったとされよう。

　このように孝武帝の戸籍制度改革は、新たな兵源確保が必要とされたなかで施行されている。では、孝武帝は兵戸・白籍戸のさらなる增加を行ったのであろうか。しかし、これまでの研究による限り、そうした施策を政權がとっていたとは考え難い。それでは衰退したといっても、兵戸・白籍戸はそれなりの效力を維持し續けたのであろうか。殘念ながら、その點を傳える史料は見出しえない。むしろ張永傳の記事に注目してみた際、兵戸・白籍戸に代わる新たな兵力として、黃籍戸に對する兵役徵發を恆常化させていったとされよう。とすれば、孝武帝の戸籍制度改革は、當時、減少しつつあった兵戸・白籍戸に代わり、黃籍戸を恆常的に兵役へ徵發する施策であったと考えられる。(24)

右で述べたことが當を得たものであるとすれば、孝武帝の戸籍制度改革は東晉南朝史において、一體どのような意味をもつのであろうか。いま、この點について東晉の兵戸に僑民が多數あてられていたという見地からみてみよう。

東晉の兵戸について、濱口氏は東晉王朝が常備軍の再整備のため、兵戸に新たに僑民を多數あてる施策を積極的に行ったことを示唆しておられる。(25)とすれば、濱口氏の指摘された兵戸の集團的解放地（建康・南彭城・廣陵・歴陽・尋陽・襄陽・江陵・竟陵など）と僑民の寄寓先は、多く一致するはずである。いま、これを左表に示すと、それらは基本的に一致することがわかる。(26)

解放地	僑民の定着先
建康	「江陵より建康に至るまで三千餘里、流人 萬もて計ふ。（自江陵至于建康三千餘里、流人萬計。）」（『晉書』巻八一劉胤傳、咸和四年（三二九）、ある人の王悦に對する質問）
南彭城	「南徐州刺史。晉の永嘉 大亂し、幽・冀・青・幷・兗州及び徐州の淮北の流民、相率ゐて淮を過ぐ。亦た江を過ぎ晉陵郡の界に在る者有り。（南徐州刺史。晉永嘉大亂、幽・冀・青・幷、兗州及徐州之淮北流民、相率過淮。亦有過江在晉陵郡界者。）」（『宋書』巻三五州郡志一、南徐州の條）
廣陵	「南兗州刺史。中原 亂れ、北州の流民 多く南渡す。晉の成帝 南兗州を立つ。（南兗州刺史。中原亂、北州流民多南渡。晉成帝立南兗州。）」（『宋書』巻三五州郡志一、南兗州の條）

歴陽	前引『晉書』劉胤傳、「龍亢令。漢の舊名にして、沛郡に屬す。晉の太康地志 譙に屬す。江左 流寓もて立つ。……雍丘令。漢の舊名にして、陳留に屬す。流寓もて立ち、先に秦郡に屬す。……酇令。漢 沛に屬す。晉の太康地志 譙に屬す。流寓もて立つ。（龍亢令。漢舊名、屬沛郡。晉太康地志屬譙。江左流寓立。……雍丘令。漢舊名、屬陳留。流寓立、先屬秦郡。……酇令。漢屬沛。晉太康地志屬譙。流寓立。）」（『宋書』巻三六州郡志二、南豫州歴陽郡の條）
尋陽	前引『晉書』劉胤傳、「元帝 江を渡り、亦た司州を徐に僑置す。本所に非ざるなり。後ち弘農人の尋陽に流寓する者を以て、僑立して弘農郡と爲す。（元帝渡江、亦僑置司州於徐。非本所也。後以弘農人流寓尋陽者、僑立爲弘農郡。）」（『晉書』巻一四地理志上、司州の條）、「江左 流民の尋陽に寓るもて、安豐・松滋二郡を僑立し、遙かに揚州に隷せしむ。安帝 省きて松滋縣と爲す。尋陽に又た弘農縣の流寓有り。（江左流民寓尋陽、僑立安豐・松滋二郡、遙隷揚州。安帝省爲松滋縣。尋陽又有弘農縣流寓。）」（『宋書』巻三六州郡志二、江州、尋陽郡の條）
襄陽	「胡亡び氐亂れ、雍・秦の流民 多く南して樊・沔に出づ。（胡亡氐亂、雍・秦流民多南出樊・沔。）」（『宋書』巻三七州郡志三、雍州の條）
江陵	前引『晉書』劉胤傳
竟陵	前引『宋書』州郡志三、雍州の條

こうした點からも、氏の見解は當を得たものであるとされよう。このことと先に述べた白籍戸にも僑民がついたことなどをあわせ考えると、東晉の軍事は兵戸・白籍戸などの僑民によって擔われていたことになろう。それ故、戸籍制度改革がこうした兵戸・白籍戸に代わり黄籍戸を恆常的に徵發する施策であったとすれば、このとき僑民が軍事を擔うといった東晉以來の兵制が變化したことになる。この點に大過ないとすれば、戸籍制度改革は兵制という見地からみた際、流寓政權であった東晉が劉宋孝武帝のときに至る過程において、僑民に依存した體制から江南に立脚した

體制へと變化していくという點で畫期的な意義をもつものであったと考えられる。

第三節　黃籍戶への民爵賜與と戶籍制度改革に對する抵抗

さて、前節までに大明五年二月癸巳の詔について明らかにしたことを整理しておくと、①「伐蠻の家」は、文帝後半における蠻討伐に活躍した雍・荆・豫州などの軍府の兵士を指す。②「鰥貧疾老、申減する所を詳にす」は、「鰥貧疾老」に對する兵役上の優遇措置のことである。③「近籍改新制」は、從來の兵戶・白籍戶に代わり黃籍戶を恆常的に兵役に徵發する施策であったという三點になる。本節では以上のことを踏まえ、詔の內容に關する未だ十分に考察していない以下の二點について檢討していきたい。すなわち、戶籍制度改革と民爵賜與とはどのような關係にあるのか、さらに戶籍制度改革に對する抵抗は存在したのかについてである。

まず民爵との關係についてである。前節で述べたように、東晉末から劉宋初において、兵戶・白籍戶が兵役を負擔する制度は衰退していた。從って、そこには當然、徵兵・募兵などによる兵源確保もあったはずであるが、かかる施策は東晉末に軍事力を背景に臺頭した桓玄、劉裕もその實行を考えていたであろう。ところで、徵兵・募兵が戰時に軍功をあげたとすれば、當然、それに對する褒賞が必要となる。では、桓玄、劉裕は徵募による兵が軍功をあげた際、褒賞として何を賜與しようとしていたのであろうか。まず考えられるのは財政支出と租稅免除であろう。しかし、東晉末の混亂を受けて桓玄、劉裕が新王朝を樹立したとき、國家に大規模な財政支出・租稅免除を行うだけの體力があったかは疑わしい。この點に關連して、時代は異なるが、『藝文類聚』卷五一封爵部、總載封爵の條に引く曹魏王粲「爵論」(27)に、民爵に軍功褒賞としての役割があったことを述べたのち、貨財を以て賞と爲せば、供すべからず。復除を以て賞となせば、租税損減す。爵を以て賞と爲せば、民勸みて費省く者なり。（以貨財爲賞者、不可供。以復除爲賞者、租税損減。以爵爲賞者、民勸而費省者。）

とあるのは參考になる。ここでは軍功褒賞として財政支出と租税免除を行った場合、財政的負擔が大きいこと、これに對し民爵を賜與した場合は前二者と同じ效果が期待できる上に財政支出も抑えられるとしている。とすれば、桓玄、劉裕は軍功褒賞として民爵を賜與した可能性がある。このことは、『晉書』巻九九桓玄傳に、東晉末に桓玄が卽位したときのことを載せて、

是に於いて大赦し、永始と改元す。天下に爵二級、孝悌・力田人ごとに三級を賜ふ。鰥寡孤獨の自ら存すること能はざる者、穀人ごとに五斛なり。其の賞賜の制、徒らに空文を設くるのみにして、其の實無きなり。（於是大赦、改元永始。賜天下爵二級、孝悌・力田人三級。鰥寡孤獨不能自存者、穀人五斛。其賞賜之制、徒設空文、無其實也。）

とあり、『宋書』巻三武帝紀下に、永初元年（四二〇）六月丁卯、劉裕が卽位したときのことを載せて、

其れ天下に大赦し、晉の元熙二年を改めて永初元年と爲す。民に爵二級を賜ふ。鰥寡孤獨の自ら存すること能はざる者、人ごとに穀五斛なり。（其大赦天下、改晉元熙二年爲永初元年。賜民爵二級。鰥寡孤獨不能自存者、人穀五斛。）

とあることから窺えるところである。

前者の桓玄の場合、東晉王朝において一度も行われなかった民爵賜與を復活したことになる。しかし、「其の賞賜の制、徒らに空文を設くるのみにして、其の實無きなり」という記事を素直に讀めば、實際に民爵が賜與されたかどうかは疑問であるとされよう。後者の劉裕の場合、劉宋において武帝時代の民爵賜與は右の事例のみであり、この後の少帝・文帝の時代には一度も見られない。また、孝武帝以後の民爵賜與は三年に一回の割合で行われており、武帝の時代にくらべ頻度がかなり異なっている。(28) これらのことから、武帝のときの民爵賜與は軍功褒賞としての性格がいく

ぶんあった可能性もすてきれないが、やはりその本質は劉宋王朝の建國に付隨した形式的な賜爵であった蓋然性が高いと考えられる。(29)

右にみた永初元年の事例から約三十五年ほどをへた孝武帝期に兵戸・白籍戸がさらに減少し、新たな兵源確保という問題がより切迫すると、王朝は拔本的な兵制改革を迫られるに至った。そうしたなか、前節で述べたごとく、元嘉二十七年（四五〇）における北伐失敗により劉宋王朝の財政は極めて衰耗するのであるが、とすれば軍功褒賞として民爵を賜與する必要性は當然、高まったであろう。こうした事態を受け、『宋書』卷六孝武帝紀に、孝建元年（四五四）正月丙寅のこととして、

皇子子業を立てて皇太子と爲す。天下の父の後ち爲る者に爵一級を賜ふ。（立皇子子業爲皇太子。賜天下爲父後者爵一級。）

とあるように、孝武帝は永初元年以來、約三十五年ぶりに民爵の賜與をおこなったのである。帝による民爵賜與は十一年の治世の間に六回、すなわちほぼ二年に一回の割合で行われており、それ以前と比べて對照的である。また、これ以後、南朝ではほぼ三年に一回の割合で民爵が賜與されるようになるが、その頻度は漢代の民爵賜與の割合と比べても異樣である。(30)さらに、漢簡や呉簡の場合に見られるごとく、民爵は戸籍制度と密接な關わりをもつ。右と「近籍改新制」を踏まえた際、孝武帝期の民爵賜與は戸籍制度改革と連動して行われた施策であったと考えられる。

さて、こうした戸籍制度改革による兵役徵發の恆常化は、當然、一定の段階をへてなされたであろう。何故ならかりにかかる軍事動員を突如として行うとすれば、それまで兵役についていなかった黃籍戸に急遽、軍事的負擔を行わせることになってしまい、彼らによる大きな抵抗が予想されるからである。從って、孝武帝が戸籍制度改革をおこなう際、それに先立ち漸次的に黃籍戸へ軍事的負擔をになわせたことが想定される。

この點に關連して、孝建元年の民爵賜與が「天下の父の後ち爲る者」といったように、庶民男子の全てでなく、あくまで受爵者を限定していることが注目される。さらに、この孝建元年より後から大明五年二月癸巳の前までに民爵賜與は二回行われているが、兩者ともその對象が吏（大明二年正月壬戌）、孝悌義順（大明四年正月乙亥）といったように、受爵者が庶民男子の全てでないのは、かかる想定を支えるところがあろう。

では、右のごとき戸籍制度改革に對し、きわめて大規模と言わないまでも、何らかの形での抵抗はまったく存在しなかったのであろうか。次にこの點について見てみよう。（A）「民未だ禁を知らず、役より逭れ調に違ひ、刑網に起觸す」について、戸籍制度改革の內容を踏まえると「役より逭れ」の「役」は兵役を指すとされよう。とすれば、（A）は孝武帝の戸籍制度改革により新たに兵役をになうことになった者が、そうした負擔から逃亡し「刑網に起觸」したことを述べていることになる。

これと同樣の內容をもつ記事が、詔の出されたのと同じ大明五年に存在する。すなわち、『宋書』卷八二沈懷文傳に、大明五年のこととして、

上（孝武帝）又た諸郡の士族を壞り、以て將吏に充つ。竝びに服役せず、悉く逃亡するに至る。加ふるに嚴制を以てするも禁ずる能はず。乃ち改めて軍法を用ひ、得れば便ち之を斬る。山湖に奔竄し、聚まりて盜賊と爲らざる莫し。懷文又た以て言を爲す。（上又壞諸郡士族、以充將吏。竝不服役、至悉逃亡。加以嚴制不能禁。乃改用軍法、得便斬之。莫不奔竄山湖、聚爲盜賊。懷文又以爲言。）

とあり、『魏書』卷九七島夷劉駿傳に、同樣のことを載せて、

是の歲、凡そ諸郡の士族の婚宦點雜なる者、悉く黜けて將吏と爲す。而して人情驚怨し、竝びに服役せず。山湖に逃竄し、聚まりて寇盜と爲る。侍中沈懷文苦諫するも、納れられず。（是歲、凡諸郡士族婚官點雜者、悉黜爲將吏。

而人情驚怨、竝不服役。逃竄山湖、聚爲寇盜。侍中沈懐文苦諫、不納。）

とあって、孝武帝が庶民と雜婚した士人について將吏というかたちで兵役につけたこと、その結果、彼らは兵役を忌避して山湖に逃亡し「寇盜」となって王朝に抵抗したこと、これに對し沈懐文はそうした施策をやめるよう諫止したが、孝武帝は納れなかったことなどが述べられている。

ただし、帝は兵戸・白籍戸に代わる兵力をできるだけ多く確保する狙いのもとに戶籍制度改革をおこなったのであり、それだけにかかる軍事動員に抵抗し「刑網に起觸す」、「山湖に逃竄し、聚まりて寇盜と爲る」といった者すべてを嚴罰に處するのでなく、その一方で彼らを再び兵役につけることをも考慮に入れざるを得なかったであろう。そのために必要であったのが、戶籍制度改革に抵抗した逃戶・獄囚を赦免し就役させること、すなわち（B）「凡そ諸々の逃亡、今まの昧爽以前に在りて、悉く皆な原赦す。已に囹圄に滯る者、釋して本役に還す」であったと考えられる。次章でみる華林園ではこうした黃籍戶の兵役徵發に抵抗し獄囚となった者の再審判がしばしば行われているが、このことは右の私見を支えるところがあろう。

以上の考察より明らかにしたことを整理すると、次のようになる。①戶籍制度改革は孝武帝期の民爵賜與と連動する施策であった。②「民 未だ禁を知らず、役より逭れ調に違ひ、刑網に起觸す」は、戶籍制度改革により新たに兵役をになうことになった者が、そうした負擔から逃亡し「刑網に起觸」したことを示す。また、「凡そ諸々の逃亡、今まの昧爽以前に在りて、悉く皆な原赦す。已に囹圄に滯る者、釋して本役に還す」は、孝武帝がこうした兵役負擔に抵抗した逃戶・獄囚を赦免・就役させるために行ったものである。

小結

本章では孝武帝の大明五年ごろ兵戶・白籍戶に代わり黃籍戶が恆常的に兵役へ徵發されるようになったこと、このときの戶籍制度改革は民爵の賜與と連動する施策であったことを述べた。これは戶籍制度という點からみた際、劉宋孝武帝のとき僑民が兵戶・白籍戶につき東晉政權の軍事を擔うという體制が變化したことを意味する。右に大過ないとすれば、戶籍制度改革は流寓政權であった東晉が劉宋孝武帝のときに至る過程において、僑民に依存した體制から江南に立脚した體制へ變化していくという點で畫期的な意義をもつものであったということができるであろう。[31]

さて、かかる私見が當を得たものであるとすれば、孝武帝は戶籍制度改革にとどまらず、ほかにも江南に立脚した施策を行ったことが想定される。この點については、孝武帝による王畿の設置をあげることができよう。すなわち、歸北を政治的目標とする東晉において、天下の中心はいうまでもなく西晉の都である洛陽であった。これに對し、孝武帝は建康のある浙西に王畿を設置し、洛陽でなく建康を天下の中心とする新たな天下觀を樹立した（『宋書』巻六孝武帝紀、大明三年〈四五九〉二月乙卯の條）[32]。これは、孝武帝が歸北を政治的目標とする僑氏の意識とは、明らかに異質な江南に立脚した考えをもっていたことを示している。孝武帝はこうした施策と連動して、黃籍戶を恆常的に兵役へ徵發する戶籍制度改革を斷行するに至ったと考えられる。

註

（1）越智重明「宋中期の新戶籍制度の出現をめぐって」（『東洋史學』第二五輯、一九六二年。のち『魏晉南朝の政治と社會』第

三篇第二章、吉川弘文館、一九六三年所收）參照。

（2）唐長孺『魏晉南北朝史論拾遺』七三～七四頁（中華書局、一九八三年。のち『唐長孺文集』二、中華書局、二〇一〇年所收）、中村圭爾「南朝戶籍に關する二問題」（『人文研究』第四四卷第一二分册、一九九二年。のち『六朝江南地域史研究』附編第十五章、汲古書院、二〇〇六年所收）參照。

（3）この記事の原文には「役をして常聞有らしむ（使役有常聞）」とあるが、いま中華書局點校本『晉書』の校勘記に、「「聞」の字 上に屬すも、下に屬すも皆な贅にして、疑ふらくは是れ衍文 或いは字訛なり。（「聞」字屬上、屬下皆贅、疑是衍文或字訛。）」とあるのに從っておく。

（4）紙屋正和氏は、『鹽鐵論』未通篇における「古は田百步を制して畝と爲す。（古者制田百步爲畝。）」、「田二百四十步を制して一畝とす。（制田二百四十步而一畝。）」とある史料を『國語』卷六齊語、『漢書』卷二八地理志下の記事との關連から考察し、このときの「制」を「きまり（規定）を作る」と解釋しておられる。氏の解釋は「制」を規制・禁止でなく、制度の意味に解釋する私見を支えるところがある（同氏「漢時代の田租」『九州大學東洋史論集』第四號、一九七五年參照）。

（5）濱口重國「後漢末・曹操時代に於ける兵民の分離に就いて」（『東方學報』東京第一一册、一九四〇年）、「兩晉南朝に於ける兵戶と其の身分」（『史學雜誌』第五二編第三號、一九四一年）、「魏晉南朝の兵戶制度の研究」（『山梨大學學藝學部紀要』第二號、一九五七年）〈のち『秦漢隋唐史の研究』上卷第一部第八～一〇、東京大學出版會、一九六六年所收〉、唐氏「晉書趙至傳中所見的曹魏士家制度」（『魏晉南北朝史論叢』三聯書店、一九五五年。のち『唐長孺文集』一、中華書局、二〇一〇年所收）參照。

（6）白籍に關する研究は非常に多い。いま先行研究について、本章に關わる二點、すなわち白籍戶と兵役負擔の關係、および白籍と土斷の關係にしぼって見てみよう。

まず白籍戶と兵役負擔の關係について指摘したのは、山崎孝雄「義熙土斷に於ける晉陵郡の除外について」（『史海』第七號、一九六〇年）、大川富士夫「東晉朝と僑寓北人――僑州郡縣をめぐって（2）――」（『立正史學』第五九號、一九八六年。のち『六朝江南の豪族社會』第三編第四章、雄山閣出版、一九八七年所收）、安田二郎「僑州郡縣制と土斷」（川勝義雄・礪波護編『中國貴族制社會の研究』京都大學人文科學研究所、一九八七年。のち『六朝政治史の研究』第Ⅲ編第一一章、京都大學學術出版會、二〇〇三年所收)、夏日新「關于東晉僑州郡縣的幾個問題」(『魏晉南北朝隋唐史資料』第一一期、一九九一年。のち『漢唐之際的民衆與社會』第二章第一節、湖北人民出版社、二〇一〇年所收)である。筆者は山崎、大川、安田、夏ら諸氏の見解に贊同するものである。なお、安田氏は「二重屬籍制」、「白籍土斷」という考え方をとり、從來の說とは違う新見解を出しておられる。

次に白籍と土斷の關係については、土斷によって白籍戶が黃籍戶にされたとする土斷前白籍說と、東晉成帝の咸康七年(三四一)の土斷によりはじめて白籍が行われるようになったとする土斷後白籍說がある。こうした白籍と土斷の關係についての研究史は、朴漢濟「東晉・南朝史와 僑民――『僑舊體制』의 形成과 그 展開――」(『東洋史學研究』第五三輯、一九九六年)によくまとめられており、本章では土斷前白籍說の立場をとる。

(7) 拙稿「魏晉南朝の民爵賜與について」(『九州大學東洋史論集』第三〇號、二〇〇二年)參照。本書第一編第一章收載。なお、本章で使用する民爵は、公乘までの庶民の爵位を指すものとする。

(8) 中村氏註(2)論文は「制」を規制・禁止とする根據の一つとして、大明五年の詔における「制を犯す」を「規制を犯す」と解釋する向きがある。しかし、『隋書』卷四五秦王俊傳に、「俊　漸く奢侈にして、制度を違犯す。(俊漸奢侈、違犯制度。)」とあり、『隋書』卷四五庶人秀傳に、「秀　漸く奢侈にして、制度を違犯す。(秀漸奢侈、違犯制度。)」とあることから、「制を犯す」は「制度を違犯す」の意であると考えられる。

(9) 魏晉南朝における蠻の分布については、川本芳昭「蠻の問題を中心としてみた六朝期段階における各地域の狀況について」(『史淵』第一三二輯、一九九五年。のち『魏晉南北朝時代の民族問題』第四篇第三章、汲古書院、一九九八年所收)參照。

(10) 濱口氏註(5)著書三四四・三九一頁參照。

(11) 濱口氏註(5)論文、及び註(6)に揭げた山崎、大川、安田、夏ら諸氏の論文參照。

(12) 濱口氏註(5)論文參照。

(13) 義熙土斷の開始時期については、中村氏「東晉南朝における豫州・南豫州について」(『人文研究』第五三卷第二分册。のち

同氏註（2）著書第一編第二章所收）參照。

(14) 以下では、義熙土斷の晉陵郡除外について私見を述べる。東晉末までには數次の土斷をへて、白籍戸は減少していった。一方、東晉孝武帝の頃から北府で募兵も行われるようになる（田餘慶『東晉門閥政治』一七七～一七九頁、北京大學出版社、二〇〇五年）。義熙土斷が行われたのは、兩者が北府で併存する時期にあたっていた。こうしたことから、數が減少していたとはいえ、未だ北府の軍事力を擔っていた白籍戸に對し、例外的措置がとられたと筆者は考える。

(15) この記事をめぐっては、その對象が東晉初めからの僑民とする說、義熙土斷後の新僑民とする說、さらに、元嘉二十六年（四四九）四月乙丑の詔による移民とする說などがある（安田氏註（6）著書五一九～五二〇頁）。後述するように、筆者は晉陵郡の白籍戸が義熙土斷以後も依然として存在したと考える。從って、このとき初めて田租を課されたのが白籍戸についていた僑民でありさえすれば、三說のいずれでも本論に大きな影響はないとされよう。

(16) このとき行われた大明土斷については、安田氏「王玄謨の大明土斷について」（『東北大學東洋史論集』第二輯、一九八六年。のち同氏註（6）著書第Ⅲ編第一〇章所收）參照。

(17) なお、『宋書』卷五文帝紀に、元嘉二十六年（四四九）四月丁巳の詔を載せて、「丹徒縣の僑・舊に今歲の租布の半ばを復す。（復丹徒縣僑・舊今歲租布之半。）」とあり、戸籍制度改革より前に僑民から租布を徵收していたことが示されている。しかし、『宋書』卷六孝武帝紀、孝建元年（四五四）の條における「是の歲、始めて南徐州の僑民に租を課す。（是歲、始課南徐州僑民租。）」とある記事を踏まえると、南徐州の丹徒縣で僑民が田租を徵收されているのは明らかにおかしい。『宋書』卷三五州郡志によれば、丹徒縣はもともと義熙土斷で例外とされた晉陵郡に屬していたが、元嘉八年（四三一）に南東海郡の管轄となった。とすれば、元嘉二十六年の「丹徒縣の僑」とは、元嘉八年における管轄の變更により、義熙土斷の例外措置が解消されて黄籍戸になった者であるとされよう。

(18) この詔の日付はもともと三月乙丑であるが、點校本の校勘記に、「按ずるに是の月丁卯朔、丁巳無く、亦た乙丑無し。四月丙申朔、二十二日丁巳、三十日乙丑なり。（按是月丁卯朔、無丁巳、亦無乙丑。四月丙申朔、二十二日丁巳、三十日乙丑。）」とあるのに從っておく。

(19) 史料中の「軍民」という語を兵戸に屬する專門兵の意味にとることについては、氣賀澤保規「北朝隋の『軍人』について――府兵兵士とその社會――」(『中國古代の國家と民衆』編集委員會『堀敏一先生古稀記念　中國古代の國家と民衆』汲古書院、一九九五年。のち『府兵制の研究』第Ⅰ編第三章、同朋社、一九九九年所收)參照。

(20) なお、東晉末には五等開國爵と異なる虛封の爵位、すなわち「五等爵」を賜與することにより、兵戸・白籍戸に代わる兵源確保が目指されたことがあった。この點については、拙稿「東晉宋初的五等爵――以五等爵與民爵的關係爲中心――」(『中國中古史研究』第一號、中華書局、二〇一一年二月)參照。本書第一編第二章收載。

(21) 宮崎市定『宮崎市定全集』六、二一二頁(岩波書店、一九九二年)によって補う。

(22) 史料中の「南兗州」は江北全體を指すとする說に從う(中村氏註(2)論文參照)。

(23) 史料中の「兗州」は南豫州を指すとする說に從う(中村氏註(2)論文參照)。

(24) 白籍の廢止については確實な史料がないため、これを戸籍制度改革と結びつける解釋には反論があるかもしれない。ただ、本章でも述べたように、白籍戸が大明元年においてもなお存在していたと考えられること(『南史』卷一六王玄謨傳)、それより後に白籍の存在を示す史料がないことなどを踏まえると、少なくとも大明元年から五年の間に白籍は廢止されたとして大過ないであろう。

(25) 濱口氏註(5)著書三九七頁參照。

(26) これ以外の兵戸の集團的解放地に、『宋書』卷三八州郡志四、益州の條に、「宋寧太守。文帝の元嘉十年、吳營を免じて僑立す。……治を成都に寄す。……宋興太守。文帝の元嘉十年、建平營を免じて立つ。……治を成都に寄す。(宋寧太守。文帝元嘉十年、免吳營僑立。……寄治成都。……宋興太守。文帝元嘉十年、免建平營立。……寄治成都。)」とあるように、成都があげられる。成都については李特とともに入蜀した僑民のほかに、『宋書』卷三八州郡志四、益州安固郡の條に、「晉の哀帝の時、民　蜀に流入す。(晉哀帝時、民流入蜀。)」とあり、哀帝のとき蜀に流入した僑民がいたことが述べられており、そうであるとすれば、兵戸の集團的解放地と僑民の寄寓先が一致することになる。ただし、問題は「吳營」、「建平營」とあり、「軍戶」と記されていないことにある。「吳營」、「建平營」の解釋については桓溫の成漢討伐のとき、吳郡、建平郡から從軍してそのまま駐屯し續けた兵戸なのか、あるいは單なる兵營の名稱で右の二郡とは無關係なのかについて、史料的制約もありにわかに判斷しがたいところがある。從って、いま表からは除外しておく。

(27) 原文には「後魏王粲爵論」とあるが、西嶋定生『中國古代帝國の形成と構造――二十等爵制の研究――』三四二頁（東京大學出版會、一九六一年）に「後魏・王粲の『爵論』」とあり、同氏『中國古代國家と東アジア世界』一六五頁（東京大學出版會、一九八三年）に「三國時代の北魏の王粲の『爵論』」とある。いま、「三國時代」とする西嶋氏の說に從っておく。

(28) 註（7）拙稿參照。

(29) 劉裕のとき軍功褒賞として民爵を賜與することが定着化しなかった理由は江南出身者による軍事參加の過渡期であったことなど様々に考えられるが、註（20）にあるように、それと關連した「五等爵」の賜與による賞募が行われていたことも原因の一つに存在したと考えられる。

(30) 漢代の民爵賜與の割合は、ほぼ五年に一回である（註（7）拙稿參照）。

(31) 近年、孝武帝の改革を論じたものに、山崎益裕「南朝における文化對立と政治的背景――南朝の正統性解明への試みとして――」（『中央大學アジア史研究』第二八號、二〇〇四年）、小尾孝夫「劉宋孝武帝の對州鎭策と中央軍改革」（『集刊東洋學』第九一號、二〇〇四年）の雄編がある。

(32) 拙稿「劉宋孝武帝の禮制改革について――建康中心の天下觀との關連からみた――」（『九州大學東洋史論集』第三六號、二〇〇八年）參照。本書第二編第二章收載。

第四章　東晉南朝の建康における華林園について

――「詔獄」を中心としてみた――

はじめに

西晉末の混亂により、大量の漢族が華北から江南へ避難した（以下、彼らを僑民とよぶ）。その後の東晉において僑民は中原恢復を優先したため、歸北まで皇帝の行宮の地たる建康の增築を控えるべしとした。しかし、右述の狀況は僑民の子孫が土着化し、天下の中心を洛陽でなく建康と考えるようになるにつれ徐々に變化していく。さらに北魏の華北統一、元嘉二十七年（四五〇）の北伐失敗により、中原恢復の可能性は極めて低くなった。こうしたことを受け、東晉後半ごろから建康の大規模な增築が行われるようになり、劉宋孝武帝期にはその地に天下の中心を意味する王畿という行政區が設置されるまでに至った(1)。

このようにして增築された建康のうち、その中心となる宮城部分では朝政の場である太極殿以南にくらべ、それより北に位置する空間の方が皇帝にとって生活・遊宴の場として私的性格が强かった(2)。一方、南朝では皇帝の側近となった寒人層の臺頭が、士人層の支配、ひいては帝權の强化につながったとする見方が存在する（以下、寒人層という場合、とくに斷らない限り、皇帝の側近となった寒人層を指すこととする）。では、かかる北に位置する空間の增築と寒人層の臺頭には、何らかの關係があるのだろうか。かりにそうであるとすれば、それは具體的に如何なるものであったのだろうか。

太極殿の北に位置する空間としては、たとえば『建康實錄』巻一二太祖文皇帝元嘉二十三年の條に引く「地輿志」に、皇帝の御苑「華林園」について、

> 吳の時の舊き宮苑なり。晉孝武 更に宮室を築立す。宋元嘉二十二年、重脩して之を廣む。又た景陽・武壯の諸山を築き、池を鑿ちて天淵と名づけ、景陽樓と通天観を造る。孝武大明中に至り、紫雲 景陽樓に出で、因りて改めて景雲樓と爲し、又た琴堂を造る。東に雙樹連理有り、又た改めて連玉堂と爲し、又た靈曜前・後殿を造り、又た芳香堂・日觀臺を造る。……梁武 又た重閣を造り、上は重雲殿と名づけ、下は興光殿と名づく。朝日・夕月の樓、之に登るに及びて、階道 遶樓すること九轉たり。（吳時舊宮苑也。晉孝武更築立宮室。宋元嘉二十二年、重脩廣之。又築景陽・武壯諸山、鑿池名天淵、造景陽樓以通天觀。至孝武大明中、紫雲出景陽樓、因改爲景雲樓、又造琴堂。東有雙樹連理、又改爲連玉堂、又造靈曜前・後殿、又造芳香堂・日觀臺。……梁武又造重閣、上名重雲殿、下名興光殿。及朝日・夕月之樓、登之、而階道遶樓九轉。）

とあり、東晉後半から大規模に増築されたことが記されている。本章では、この華林園と寒人層との關係に焦點をあて、それを通じ同園が前章までに見てきた軍事體制の變化のなかにどのように位置づけられるのかについて考えてみたい。

從來、華林園については、村上嘉實氏がその古典的研究のなかで東晉後半から宋齊時代を中心として皇帝が近臣らと遊宴する場であり、觀賞用の藝術的な庭園であったことを指摘しておられる(3)。こうした華林園の文化的側面に關する指摘は、秦漢から隋唐における御苑の展開を論じた近年の妹尾達彦氏による論考にも見受けられる(4)。

皇帝による士人層の支配という點からみた際、たしかに遊宴は帝が彼らに優遇をあらわすという意味において重要

である。しかし、それのみによって士人層を十分に支配することは難しいであろう。では、華林園において彼らをより強力に支配するための施策はとられなかったのであろうか。この問題について、本章では皇帝が士人層を對象に華林園でおこなった敕命刑獄である「詔獄」に注目し、そうした敕命刑獄と寒人層との關係如何といった點から明らかにしたい。

一方、渡邊信一郎氏は、宋齊時代の華林園は皇帝が大獄（死刑をはじめとする重要事案）、およびそれと關わる獄囚の再審判をする場であり、その理由を華林園が宮城の北方すなわち刑獄・裁判にかかわる陰の方向に屬していたためとし、こうした再審判は劉宋末から南齊では宮城外に位置する閲武堂・中堂といった軍禮・軍事關係施設においても行われたとしておられる(5)。

筆者は華林園が皇帝による再審判の場であったこと、そうした再審判が劉宋末から南齊において閲武堂・中堂で行われたことについては、氏の見解に贊同するものである。しかし、閲武堂・中堂は軍事關連の施設であるのみでなく、宮城より南に位置したことがすでに辻正博氏によって指摘されており(6)、それだけに華林園における再審判を單に方角という點のみから説明することはできないであろう。

このことに關連して、近年、張學鋒氏は考古學的見地から建康の華林園に中國中世の都城に共通する「北邊防御」機能が存在したとする。ただし、氏は建康の發掘がいまだ不十分なこともあり、今後、より多くの資料が公表されるのを待たなくてはならないと愼重な態度を示している(7)。從って、ここでは北邊防御という軍事とも關わる機能を指摘した見解があることのみに言及しておくが、筆者のみるところ、華林園の軍事的機能についてはそうした北邊防御にとどまらず、寒人層を中心とする親衞軍の主な活動據點であったことを示す史料が存在する。そうであるとすれば、華林園と閲武堂・中堂がともに軍事關連の施設であるという視點から、再審判の場となった理由を新たに検討することができるのではないだろうか。また、こうした華林園の軍事的機能は前章までに述べてきた東晉後半から劉宋孝武帝期における軍事體制の變化と何らかの關わりがあるのではないだろうか。

本章は右の問題意識から、建康の華林園について、寒人層と皇帝の敕命刑獄である「詔獄」・親衛軍との關係といった點から考察し、もって東晉南朝が中原恢復をめざす國家から江南に立脚した國家へと變質していく一軌跡に迫ろうとするものである。

なお、華林園の性格は劉宋・南齊をへて梁に至ると、獄官の整備、佛敎の影響などから大きく變容することが、すでに渡邊、小林聰兩氏によって指摘されている。(8)こうした點を踏まえ、以下では宋齊時代を中心に考察をおこなう。

第一節　宋齊時代の華林園における「詔獄」

本節では論の展開の都合上、まず宋齊時代の華林園において、士人層の支配、ひいては帝權强化の一環として「詔獄」という敕命刑獄が行われたことについて述べる。

さて、「詔獄」とは富田健之氏によれば、皇帝の意志によって開始され、皇帝自らが判決を下す敕命刑獄のことであり、廷尉が直接的な責任者として事にあたる廷尉獄および地方の獄とは異なるものであった。(9)本章においては富田氏の見解をふまえ、こうした廷尉・地方の獄と異なる敕命刑獄を「詔獄」ということとする。

『宋書』卷六九范曄傳に、元嘉二十二年（四四五）九月のこととして、

詔して曰はく、（徐）湛之の表　此の如く、良に駭惋すべし。曄　素より行檢無く、少くして瑕釁を負ふも、但だ才藝の施すべきを以て、故に其の長ずる所を收め、頻りに榮爵を加へ、遂に淸顯に參からしむ。而るに險利の性、

谿壑を過ぐる有り、恩遇を識らず、猶ほ怨憤を懷く。……便ち收掩し、法に依りて窮詰すべし、と。其の夜、先づ曄及び朝臣を呼び華林の東閤に集め、客省に止む。先づ已に外に於いて（謝）綜及び（孔）熙先兄弟を收むるや、竝びに皆な款服す。時に上 延賢堂に在り、使をして曄に問はしめて曰はく、……、と。上 重ねて問はしめて曰はく、……、と。上 復た問はしめて曰はく、……、と。明日、仗士 曄を送り廷尉に付し、獄に入る。（詔曰、湛之表如此、良可駭惋。曄素無行檢、少負瑕釁、但以才藝可施、故收其所長、頻加榮爵、遂參清顯。而險利之性、有過谿壑、不識恩遇、猶懷怨憤。……便可收掩、依法窮詰。其夜、先呼曄及朝臣集華林東閤、止於客省。先已於外收綜及熙先兄弟、竝皆款服。于時上在延賢堂、遣使問曄曰、……。上重遣問曰、……。上復遣問曰、……。明日、仗士送曄付廷尉、入獄。）

とあり、『後漢書』の撰者として著名な范曄が華林園の客省という場所において、同園にいた劉宋文帝から使者を通じ訊問をうけた後、廷尉に付されたことが記されている。『宋書』卷七一徐湛之傳に、その范曄について、

初め、劉湛 誅に伏し、殷景仁 卒す。太祖 沈演之・庾炳之・范曄等に委任し、後ちに又た江湛・何瑀之有り。曄誅せられ、炳之 免ぜられ、演之・瑀之 竝びに卒す。是に至りて江湛 吏部尙書と爲り、湛之と竝びに權要に居り、世 之を江・徐と謂ふなり。（初、劉湛伏誅、殷景仁卒。太祖委任沈演之・庾炳之・范曄等、後又有江湛・何瑀之。曄誅、炳之免、演之・瑀之竝卒。至是江湛爲吏部尙書、與湛之竝居權要、世謂之江・徐焉。）

とあるように、彼は沈演之、庾炳之、江湛、何瑀之とともに、當時、文帝がもっとも信頼していた大臣の一人であったが、文帝の弟である彭城王義康を利用した謀反に關與し誅殺された。

『宋書』卷八五謝莊傳に、大明元年（四五七）における都官尙書の謝莊による上奏を載せて、

舊と官長 囚を竟め畢はれば、郡 督郵を遣はして案驗し、仍りて就ち刑を施す。督郵 賤吏にして、能く官長より異なるに非ず、案驗の名有るも、而も研究の實無し。愚 謂へらく此の制は宜しく革むべし。今より入重の囚、

縣 考正し畢はれば、事を以て郡に言ひ、幷びに囚身を送り、二千石に委ねて親ら覈辯に臨ませ、必ず聲を收め釁を呑ませ、然る後ち 就ち戮せよ。若し二千石 決すること能はざれば、乃ち廷尉に度れ。神州（揚州を指す）の統外、之を刺史に移し、刺史に疑ひ有れば、亦た臺獄に歸せよ。（舊官長竟囚畢、郡遣督郵案驗、仍就施刑。督郵賤吏、非能異於官長、有案驗之名、而無研究之實。愚謂此制宜革。自今入重之囚、縣考正畢、以事言郡、幷送囚身、委二千石親臨覈辯、必收聲呑釁、然後就戮。若二千石不能決、乃度廷尉。神州統外、移之刺史、刺史有疑、亦歸臺獄。）

とあり、劉宋時代、揚州では縣―郡―廷尉―尙書という手順をへる廷尉獄、それ以外の州は縣―郡―州―尙書という地方の獄を整備するよう上奏がなされたことが傳えられているが、(10) 先述した范曄傳の記事はそれと異なる皇帝の敕命刑獄すなわち「詔獄」が華林園において范曄のような大臣を對象に行われたことを示していよう。

南齊の事例については、『南齊書』巻四二蕭諶傳に、建武二年（四九五）六月のこととして、

上 華林園に幸し、諶及び尙書令王晏等數人と宴し歡を盡くす。坐 罷むも、諶を留め晚く出だし、華林閤に至るや、仗身 執へて還た省に入る。上 左右莫智明を遣はし諶を數めて曰はく、……、と。省に於いて之を殺す。……詔して曰はく、蕭諶 擢でらるること凡庸よりし、識用 輕險なるも、倖會に因藉して、早く驅馳に預かる。……而るに犲狼 其の性にして、凶謀 滋々甚だし。……廷尉に收付し、速やかに刑書を正すべし、と。（上幸華林園、宴諶及尙書令王晏等數人盡歡。坐罷、留諶晚出、至華林閤、仗身執還入省。上遣左右莫智明數諶曰、……。於省殺之。……詔曰、蕭諶擢自凡庸、識用輕險、因藉倖會、早預驅馳。……而犲狼其性、凶謀滋甚。……可收付廷尉、速正刑書。）

とあり、明帝が當時、領軍將軍であった蕭諶と華林園で遊宴を行ったこと、その後「華林閤」から出ていこうとする彼を「省」に入れ使者を通じ譴責してから殺害したことなどが傳えられている。范曄傳の記事との比較により、史料中の「華林閤」とは華林園の東閤、「省」とは客省のことを指すとされよう。先にみた范曄は廷尉に付されているが、

蕭諶の場合にみられるように、「詔獄」においてはその前に大臣を殺害したとしても少なくとも形式上は廷尉に付したことにするものと考えられる。こうした范曄傳、蕭諶傳の記事は華林園が遊宴を通じ大臣をはじめとする士人層に優遇をあらわすのみでなく、「詔獄」によって彼らを牽制し帝權に従わせる場であったことを示していよう。

また、『南齊書』巻四二王晏傳に、建武四年（四九七）正月のこととして、

元會畢はり、乃ち晏を華林省に召し之を誅す。詔を下して曰はく、晏 閭閻の凡伍、少くして持操無きも、人乏しきに階縁し、官途に班齒す。……而るに長悪 流れ易く、搆扇 彌々大たり。……竝びに廷尉に收付して、國典を肅明すべし、と。（元會畢、乃召晏於華林省誅之。下詔曰、晏閭閻凡伍、少無持操、階緣人乏、班齒官途。……而長惡易流、搆扇彌大。……竝可收付廷尉、肅明國典。）

とあり、元會儀禮が終わった後、當時、尚書令であった王晏が華林省すなわち華林園の客省に召され誅殺されてから、廷尉に付すという詔が下されたことが傳えられている。

さらに、『南齊書』巻四四徐孝嗣傳に、永元元年（四九九）十月のこととして、

冬、孝嗣を召し華林省に入れ、茹法珍を遣はして藥を賜はしむ。孝嗣 容色は異ならず、少し能く酒を飲み、藥斗餘に至り、方めて卒す。乃ち詔を下して曰はく、……徐孝嗣 世資に憑藉し、早く殊遇を蒙り、際會に階縁し、遂に臺鉉に登る。匡翼の誠 聞こゆる無く、諂黷の迹 屢々著はる。沈文季 門世原闕（冬、召孝嗣入華林省、遣茹法珍賜藥。孝嗣容色不異、少能飲酒、藥至斗餘、方卒。乃下詔曰、……徐孝嗣憑藉世資、早蒙殊遇、階緣際會、遂登臺鉉。匡翼之誠無聞、諂黷之迹屢著。沈文季門世原闕）

とあり、東昏侯のとき尚書令であった徐孝嗣が華林園の客省で自殺させられたこと、その際、使者として彼のもとに自殺に用いる毒薬をもたらしたのが茹法珍という人物であったことが示されている。徐孝嗣傳の最後には當時、尚書

左僕射であった沈文季に關する記事が「原闕」となっているが、先にみた范曄らの事例からこの部分には「付廷尉」という語が存在したものと考えられる。『南齊書』巻四四沈文季傳に、その沈文季について、

孝嗣と同じく害せらる。其の日 先づ召見せられ、文季 敗るるを知るも、擧動 常の如く、車に登り顧みて曰はく、此の行 恐らくは往きて反らざるなり、と。華林省に於いて死す、時に年五十八なり。（同孝嗣被害。其日先被召見、文季知敗、擧動如常、登車顧曰、此行恐往而不反也。於華林省死、時年五十八。）

とあり、彼が徐孝嗣とともに殺害されたことが傳えられている。『南齊書』巻四四沈昭略傳に、その甥で侍中であった沈昭略について、

永元元年、始安王遙光 東府に起兵し、昭略を城內に執へんとす。昭略 潛かに南より出で、淮を濟り臺に還る。是に至り文季と倶に召されて華林省に入る。茹法珍等 藥酒を進め、……死す、時に年四十餘なり。（永元元年、始安王遙光起兵東府、執昭略於城內。昭略潛自南出、濟淮還臺。至是與文季倶被召入華林省。茹法珍等進藥酒、……死、時年四十餘。）

とあり、沈昭略が華林園の客省に召され、徐孝嗣と同じく使者の茹法珍がもたらした毒藥によって自殺させられたことが記されている。史料にあるように、このとき叔父の沈文季もともに華林省に召され殺害されていることから、その死にはやはり茹法珍が關わっていたとされよう。

右より、劉宋・南齊においては遊宴を通じ大臣をはじめとする士人層に優遇をあらわすのみでなく、「詔獄」によって彼らを牽制し帝權に從わせる場として華林園が用いられたと考えられる。次節では、この華林園が寒人層を中心とする親衞軍の主な活動據點であったこと、こうした軍事的機能をもつが故に同園が再審判の場となったことについて、前掲の徐孝嗣傳、沈昭略傳にでてきた茹法珍という人物を手がかりに檢討してみたい。

第二節　華林園の軍事的機能

さて、『南史』巻七七茹法珍傳に、先述した茹法珍について、

> 茹法珍、會稽の人。梅蟲兒、呉興の人。齊東昏の時竝びに制局監と爲り、倶に愛幸せらる。江祏・始安王遙光等誅せられてより後ち、左右の應敕・捉刀の徒竝びに國命を專らにするに及び、人間之を刀敕と謂ひ、權人主を奪ふ。（茹法珍、會稽人。梅蟲兒、呉興人。齊東昏時竝爲制局監、倶見愛幸。自江祏・始安王遙光等誅後、及左右應敕・捉刀之徒竝專國命、人間謂之刀敕、權奪人主。）

とあり、前節にみた「詔獄」において皇帝と大臣の間に使者として介在した茹法珍が制局監とよばれる官についていたこと、東昏侯によって江祏、始安王遙光らが誅殺された後、應敕・「捉刀」とよばれる帝の左右が非常に權力をもったことなどが傳えられている。史料中の制局監について、先行研究では劉宋孝武帝期以降、士人層がつく國軍の長たる領軍將軍に對し、寒人層がこの武官につき領軍將軍の正常な機能發揮を妨げたことが指摘されている(11)。

また、『魏書』巻九八島夷蕭道成傳に、右と同様の記事を載せて、

> 寶卷便ち自ら志を得るや、忌憚する所無く、日日出遊す。愛幸せる茹法珍・梅蟲兒等及び左右の應敕・捉御刀の徒竝びに國命を專らにし、民間之を刀敕と謂ふ。（寶卷便自得志、無所忌憚、日日出遊。愛幸茹法珍・梅蟲兒等及左右應敕・捉御刀之徒竝專國命、民間謂之刀敕。）

とあり、茹法珍傳の「捉刀」を「捉御刀」としている。この「捉刀」、「捉御刀」は、その語義および「左右」の語との結びつきから、武器を攜え皇帝の側に侍る兵士の形容であったとされよう。

さらに[12]、『廣弘明集』巻二九に引く梁武帝「淨業賦」に、東昏侯のときのこととして、

御刀・應敕の梅蟲兒・茹法珍・俞靈韻・豐勇之、是れ等の如き多輩、誌公の所謂 亂りに頭を戴く者なり。（御刀・應敕梅蟲兒・茹法珍・俞靈韻・豐勇之、如是等多輩、誌公所謂亂戴頭者也。）

とあり、「御刀」という語が「捉刀」、「捉御刀」と同様に應敕と竝稱されているので、この三者は同じ存在であったことになろう。以下ではこれらを一括して「御刀」とよぶが、右の史料でその代表的人物として擧げられている茹法珍が本傳によれば寒人層のつく制局監に就官していること、「御刀」が武器を携え皇帝の側に侍る兵士の形容であったことなどをあわせ考えると、彼らは寒人層を中心とする親衞軍的存在であったとして大過ないであろう。

さて、『梁書』巻一〇楊公則傳に、南齊末、蕭衍（のちの梁武帝）の軍隊が建康宮城を攻めたときのことを載せて、

郢城 平らぎ、高祖 衆軍に命じ即日 俱に下らしむ。公則 命を受け先驅し、徑ちに柴桑を掩ふ。江州 既に定まり、旌を連ねて東下し、直ちに京邑に造る。公則 號令は嚴明にして、秋毫も犯さず、所在 賴らざる莫きなり。大軍新林に至り、公則 越城より移り領軍府壘の北樓に屯して、南掖門と相對す。（郢城平、高祖命衆軍即日俱下。公則受命先驅、徑掩柴桑。江州既定、連旌東下、直造京邑。公則號令嚴明、秋毫不犯、所在莫不賴焉。大軍至新林、公則自越城移屯領軍府壘北樓、與南掖門相對。）

とあり、領軍將軍の軍府が宮城の南に位置する南掖門と對峙していたことが記されている。その一方で前節にみたように、茹法珍が華林園の「詔獄」において皇帝と大臣の間に介在しているという點からみた際、制局監をはじめとする「御刀」の主な活動據點は華林園であったことが想定される。いま、このことについて考えてみよう。

『南齊書』巻二二豫章王嶷傳に、永明二年（四八四）における豫章王嶷の上啓を載せて、

侍宴を違遠し、將に一紀を踰えんとして、憂苦すること之を間くするに、始めて開顏するを得。近ごろ頻りに侍

座し、悲喜するに勝へず。……比日 禁斷の整密なるは、此れ自から常理なり。外聲 乃ち云へらく、臣 華林に在り、輒ち御刀を捉えてより、此に因りて更に嚴し、と。情を度り理を推すに、必ず容に爾すべからず、爲に復た上啓して知らしむるのみ。（違遠侍宴、將踰一紀、憂苦間之、始得開顏。近頻侍座、不勝悲喜。……比日禁斷整密、此自常理。外聲乃云、起臣在華林、輒捉御刀、因此更嚴。度情推理、必不容爾、爲復上啓知耳。）

とあり、南齊武帝のとき豫章王嶷が華林園に侍宴し「御刀」をとらえてより、帝の警護がさらに嚴重になったという外聞が存在したこと、そうした外聞に對し、王が人情と道理からしてあり得ないと反論したことなどが述べられている。史料から、「御刀」は華林園で警護を行っていたことが見てとれよう。

また、先に一部引用した「淨業賦」に、

御刀・應敕の梅蟲兒・茹法珍・俞靈韻・豐勇之、是れ等の如き多輩、誌公の所謂 亂りに頭を戴く者なり。誌公とは是れ沙門寶誌にして、形服 定まらず、示見 方無し。時に群小 其の神異を疑ひ、乃ち之を華林外閤に羈ぐ。（御刀・應敕梅蟲兒・茹法珍・俞靈韻・豐勇之、如是等多輩、誌公所謂亂戴頭者也。誌公者是沙門寶誌、形服不定、示見無方。于時群小疑其神異、乃羈之華林外閤。）

とあり、制局監である茹法珍ら「御刀」が佛僧である寶誌の神異を疑い、彼を華林園の外閤に拘留したことが傳えられている。それが他の場所でなく、なぜ華林園であったのかという點からみた際、「淨業賦」の記事は制局監をはじめとする「御刀」の主な活動據點が華林園であったとする先の想定を支えるところがあろう。

さらに、『南史』巻五齊本紀下に、蕭衍が建康を攻めんとしたときのことを載せて、

還た御刀左右及び六宮と華光殿に於いて軍壘を立て、金玉を以て鎧仗を爲り、親自ら陣に臨み、被創の勢を詐り、板を以て搁げ將に去らしめんとし、此を以て厭勝とす。（還與御刀左右及六宮於華光殿立軍壘、以金玉爲鎧仗、親自臨陣、

詐被創勢、以板掴將去、以此厭勝。）

とあり、その際、東昏侯が「御刀」らとともに華林園の華光殿に軍壘を築き、厭勝のための儀禮を行ったことが傳えられている。かりに制局監ら「御刀」が華林園と全く關係なかったとすれば、彼らが同園でこうした軍壘の建造を擔當することはまず考え難いであろう。右より、華林園は制局監をはじめとした「御刀」とよばれる親衞軍の主な活動據點であったと考えられる。

なお、制局監の動きは劉宋孝武帝期以降、顯著になるが(13)、それより前にこれと同樣の性格を有した武官に殿中將軍が存在した。『宋書』卷六九范曄傳に、前節にみた范曄とともに處刑された孔熙先について、

上復た問はしめて曰はく、熙先 近く華林門の外に在り、寧んぞ之に面辨せんと欲するか、と。曄 辭窮して、乃ち曰はく、熙先 苟に臣を誣引す、臣 當に如何にすべけんや、と。熙先 曄の服せざるを聞き、笑ひて殿中將軍沈邵之に謂ひて曰はく、凡そ諸々の處分、符檄書疏、皆な范曄の造り及び治定する所なり。云何ぞ今まに於いて方に此の如き抵躡を作さんや、と。（上復遣問曰、熙先近在華林門外、寧欲面辨之乎。曄辭窮、乃曰、熙先苟誣引臣、臣當如何。熙先聞曄不服、笑謂殿中將軍沈邵之曰、凡諸處分、符檄書疏、皆范曄所造及治定。云何於今方作如此抵躡邪。）

とあり、彼が華林園で「詔獄」がなされた際、殿中將軍に供述を行ったことが傳えられている。

この殿中將軍については、『宋書』卷四〇百官志下、殿中將軍の條に、

殿中將軍・殿中司馬督。晉武帝の時、殿內の宿衞、號して三部司馬と曰ひ、此の二官を置き、左右二衞に分隸せしむ。江右の初め、員十人。朝會宴饗あれば、則ち將軍 戎服し、左右に直侍す。夜に城の諸門を開けば、則ち白虎幡を執りて之を監す。晉孝武の太元中、選を改め、門閥を以て之に居らしむ。宋高祖 永初の初め、增して二十人と爲す。其の後ち 員を過ぐる者、之を殿中員外將軍・員外司馬督と謂ふ。其の後ち 竝びに復た員無し。（殿中

將軍・殿中司馬督。晉武帝時、殿內宿衞、號曰三部司馬、置此二官、分隸左右二衞。江右初、員十人。朝會宴饗、則將軍戎服、直侍左右。夜開城諸門、則執白虎幡監之。晉孝武太元中、改選、以門閥居之。宋高祖永初初、增爲二十人。其後過員者、謂之殿中員外將軍・員外司馬督。其後竝無復員。）

とあり、晉代における遊宴の際、帝の左右に侍して警護をつとめる武官であったこと、華林園を增築した東晉孝武帝期から劉宋期に至る過程で改選・增員がなされたことなどが傳えられている。これは東晉孝武帝期以後、華林園で遊宴が行われるにつれ、その警護にあたる殿中將軍の存在が重視されるようになったことを示すものと考えられる。

さらに、『晉書』巻七三庾亮傳に、成帝のとき庾亮が郗鑒に與えた牋を載せて、

主上　八・九歲より以て成人に及ぶまで、入れば則ち宮人の手に在り、出づれば則ち唯だ武官小人あるのみにして、讀書　音句を受くるに從る無く、顧問　未だ嘗て君子に遇はず。侍臣　俊士に非ずと雖も、皆な時の良なり、今古の顧問を知る。豈に殿中將軍・司馬督と年を同じくして語らんや。（主上自八・九歲以及成人、入則在宮人之手、出則唯武官小人、讀書無從受音句、顧問未嘗遇君子。侍臣雖非俊士、皆時之良也、知今古顧問。豈與殿中將軍・司馬督同年而語哉。）

とあり、東晉において殿中將軍が帝の顧問應對を務めることがあったこと、それは「武官小人」の專權として非難されるものであったことなどが述べられている。この點は先の茹法珍傳に「國命を專らにす」と稱された制局監と同樣であったといえよう。こうした殿中將軍のもつ性格は華林園の增築、帝權强化の動きなどと相まって、劉宋孝武帝期に至る過程で制局監を中心とするものへ變化していったと考えられる。

江南政權においては通常、官僚を彈劾する際、御史中丞、尙書左丞による手續きをへていた。[14] しかし、諸王・大臣による專權がなされた場合、こうした手續きをへている間に情報の漏洩ひいては彼らによるクーデタが生じる危險性があった。華林園の「詔獄」はそうした事態を未然に防ぐべく、寒人層である制局監ら「御刀」の存在を背景に帝權

を安定させる狙いもあって行われたものと考えられる。

では、華林園がこうした親衛軍の存在する軍事關連の場であったという點からみた際、同園および軍禮・軍事關係施設である閲武堂・中堂において大獄（死刑をはじめとする重要事案）、それと關わる獄囚の再審判が行われたことはどのように位置づけられるのであろうか。いまこの點について、宋齊時代の軍事と死刑に關する裁判案件との關係を手がかりにみてみよう。

『宋書』巻三武帝紀下に、永初元年（四二〇）七月壬子の詔を載せて、

往に軍國の務め殷く、事に權制有り、劫科 峻重たること、之を一時に施す。今ま王道 惟れ新にして、政和法簡なれば、一に之を除き、還た舊條に遵ふべし。（往者軍國務殷、事有權制、劫科峻重、施之一時。今王道惟新、政和法簡、可一除之、還遵舊條。）

とあり、『宋書』巻八五謝莊傳に、大明元年（四五七）における都官尚書の謝莊による上奏を載せて、

陛下 踐位するや、親ら聽訟に臨み、億兆 相ひ賀して、以爲らく冤民無きなり、と。而るに比ごろ囹圄 未だ虛しからず、頌聲 尙ほ缺く。臣 竊かに謂へらく五聽の慈、宰物に宣びず、三宥の澤、未だ民謠に洽からず。頃年 軍旅の餘弊もて、劫掠 猶ほ繁く、監司の討獲、多く其の實に非ず。或ひと身の咎を免るるを規り、國患を慮らず、楚對の下、誣濫せざること鮮し。身 鈇鑕の誅に遭ひ、家 孥戮の痛に嬰れ、比伍同閈、罪に及ばざる莫し。是れ則ち一人の罰謬、坐する者數十なり。……臣 近ごろ兼訊し、重囚八人に見え、其の初めを旋觀するに、死に餘罪有るも、其の理を詳察すれば、實に竝びに辜無し。恐らくは此等 少からず、誠に怵惕すべきなり。（陛下踐位、親臨聽訟、億兆相賀、以爲無冤民矣。而比囹圄未虛、頌聲尙缺。臣竊謂五聽之慈、弗宣於宰物、三宥之澤、未洽於民謠。頃年軍旅餘弊、劫掠猶繁、監司討獲、多非其實。或規免身咎、不慮國患、楚對之下、鮮不誣濫。身遭鈇鑕之誅、家嬰孥戮之痛、比伍同閈、

莫不及罪。是則一人罰謬、坐者數十。……臣近兼訊、見重囚八人、旋觀其初、死有餘罪、詳察其理、實竝無辜。恐此等不少、誠可怵惕也。）

とあって、史料中の「劫」とは威力をもって奪う强盗のことであるが、右の記事をみた際、江南政權では劉宋武帝より前から「劫」により罪人とされる者が軍事との關連で增加していた點、それに對し皇帝や都官尚書が刑罰の減免を行おうとしていた點などを窺うことができる。また、『宋書』巻六六何尚之傳に、

義熙五年、呉興武康縣の民 王延祖は劫を爲し、父睦 以て官に告ぐ。新制、凡そ劫身 斬刑にして、家人 棄市たり。（義熙五年、呉興武康縣民王延祖爲劫、父睦以告官。新制、凡劫身斬刑、家人棄市。）

とあり、「劫」に對する刑罰が義熙五年（四〇九）の段階で「凡そ劫身 斬刑にして、家人 棄市たり」というように非常に重く、かつ連座をともなうものであったことが記されている。右は死刑に關わる重要事案であるだけに、當然、華林園および閲武堂・中堂における再審判の對象となったであろう。

つづく南齊時代については、左表にあるように「劫賊の餘口」が卽位・改元の際、原放された記事が存在する。

南齊時代における「劫賊の餘口」の原放

時期	記事	出典
建元元年（四七九）四月	劫賊餘口沒在臺府者、悉原放。	『南齊書』巻二高帝紀下、同月の詔
永明元年（四八三）三月戊寅	劫賊餘口・長徒勑繫、悉原赦。	『南齊書』巻三武帝紀、同日の詔
建武元年（四九四）十月癸亥	劫賊餘口在臺府者、可悉原放。	『文館詞林』巻六六八南齊明帝卽位改元大赦詔

先の劉宋期の事例を踏まえた際、これは南齊においても華北を統一した北魏と軍事的に對峙するなかで、「劫」による連座の及んだ「餘口」が、卽位・改元時の詔にその原放が記されるほど多かったことを示すものとされよう。いまこの時期にかかる再審判の對象、すなわち「劫」の罪を犯す者がかくも增加した背景について、前章との關連からもう少し掘り下げてみよう。

前章で述べた江南政權の軍事についてみてみると、東晉では僑民を主體とする兵戶・白籍戶が兵力の中心であったことが、すでに濱口重國、安田二郎兩氏によって明らかにされている。(15) 一方、「はじめに」で述べたように、僑民のなかには東晉後半ごろからその土着化にともない、建康を天下の中心と考える者がみられるようになり、さらには北魏の華北統一、元嘉二十七年（四五〇）の北伐失敗により中原恢復の可能性は極めて低くなった。

こうした僑民をめぐる變化と兵制の展開がどのような關係にあるのかという點について、從來、明確に論じられることはなかった。この問題について、筆者は東晉後半から劉宋孝武帝期にかけて新たな軍事動員の體制が構築され、僑民にくわえ江南の土着民も軍事に參加するようになったこと、そうした兵制の變化に抵抗するものが「民 未だ禁を知らず、役より逭れ調に違ひ、刑網に起觸す」、「人情 驚怨し、竝びに服役せず。山湖に逃竄し、聚まりて寇盜と爲る」とされるほど多く生ずるに至ったことなどを述べた。(16)

こうした「寇盜」は威力をもって奪う「劫」の罪人として、大獄の對象、あるいは獄囚とされたであろう。そうした事案が江南政權にとって大きな問題となった時期に行われているだけに、華林園・閱武堂・中堂の再審判がかかる新たな軍事動員とまったく無關係であったとは考えがたい。むしろ、前章でみた孝武帝の詔が軍事と關わりが深く、そこに「凡そ諸々の逃亡、今までの昧爽以前に在りて、悉く皆な原赦す。已に囹圄に滯る者、釋して本役に還す」とあることを踏まえると、兩者は緊密に結びついていたとされよう。そうであるとすれば、劉宋・南齊は新たな軍事動員に抵抗した罪人の再審判に相應しい場として、まず親衞軍の存在する華林園を、のちに軍禮・軍事關係の施設である閲武堂・中堂をも用いるようになったと考えられる。

小結

右で述べたことをまとめると、以下のようになる。

①劉宋・南齊の華林園は遊宴を通じ大臣をはじめとする士人層に優遇をあらわすのみでなく、皇帝による敕命刑獄すなわち「詔獄」によって彼らを牽制し帝權に従わせる場として用いられた。

②江南政權においては通常、官僚を彈劾する際、御史中丞、尚書左丞による手續きをへていた。しかし、諸王・大臣による專權がなされた場合、こうした手續きをへている間に情報の漏洩ひいては彼らによるクーデタが生じる危險性があった。華林園の「詔獄」はそうした事態を未然に防ぐべく、寒人層である制局監ら「御刀」の存在を背景に帝權を安定させる狙いもあって行われたものと考えられる。

③東晉孝武帝期以後、華林園で遊宴が行われるにつれ、その警護にあたる殿中將軍の存在が重視されるようになった。こうした殿中將軍のもつ性格は華林園の增築、帝權强化の動きなどと相まって、劉宋孝武帝期に至る過程で制局監を中心とするものへ變化していったと考えられる。

④東晉後半から劉宋孝武帝期にかけて、僑民にくわえ新たに江南の土着民も軍事に動員する體制が構築されたが、そうした兵制の變化に抵抗するものが「民　未だ禁を知らず、役より逭れ調に違ひ、刑網に起觸す」、「人情　驚怨し、竝びに服役せず。山湖に逃竄し、聚まりて寇盜と爲る」とされるほど多く生ずるに至った。劉宋・南齊はこ

うした新たな軍事動員に抵抗した罪人の再審判に相應しい場として、まず親衛軍の存在する華林園を、のちに軍禮・軍事關係の施設である閱武堂・中堂をも用いるようになったと考えられる。

東晉南朝はきわめて圖式的に述べれば、建國當初の中原恢復をめざす國家から、劉宋孝武帝期に至る過程で僑民の土着化、元嘉二十七年の北伐失敗などによって、江南に立脚した體制を志向する國家へと質的に變貌せざるを得ない狀況にあった。そのため東晉後半から劉宋孝武帝期に江南政權のおかれていた政治・社會的狀況は、單に一制度を改變するといった程度の對症療法的な施策をもってしてはいかんともなし得ない問題をはらんでいた。江南政權はその改革のただ中において西晉の都であった洛陽に代わり、行宮の地たる建康を新たな天下の中心にするべく、その大規模な增築を斷行している。この增築が改革と連動して行われたというそのこと自體が、當時の江南政權がかかえていた問題の深刻さをあらわしているのである。

皇帝がその權力の安定、擴大を目指すことは中國史上、どのような時代においても見られる現象である。しかし、中原恢復に代わる國家の結集點を模索していた江南政權では、とりわけその安定、擴大が求められていた。こうした事柄は、新たな軍事動員およびそれと緊密に關わる華林園の再審判が、中原恢復に代わる國家の結集點を軍事を中核とした帝權强化に求める改革であったことを物語っていると考えられる。

さて、南北朝相互の影響については、たとえば官制を中心に南齊から北魏へ、あるいは反對に北魏から梁への影響を指摘する見解が存在する。ただ、それはどちらかが相手國の影響を一方的に受けたというのではなく、もともとけ入れ側にそれを受容する素地があったと考えるべきであろう。

都城の御苑についていえば、五胡十六國に始まる華北の遊牧系政權はこれを放牧地や軍事施設として活用したことがすでに指摘されている。(17)では、かかる華北の御苑においても、先述した「詔獄」のごとき現象を見出すことは可能なのであろうか。最後にこうした點を踏まえつつ、建康の華林園における「詔獄」が北魏洛陽・北齊鄴城に與えた影響について見てみたい。

『魏書』巻九一蔣少游傳に、陳寅恪氏の研究において「魏孝文之遣少游使江左、自有摹擬建康宮闕之意。」とされた蔣少游について、[18]

後ち平城に於いて將に太廟・太極殿を營まんとするに、少游を遣はし傳に乘り洛に詣り、魏晉の基趾を量準せしむ。後ち散騎侍郎と爲り、李彪に副ひ江南に使す。高祖 船乘を修むるに、其の多く思力有るを以て、都水使者に除し、前將軍・兼將作大匠に遷し、仍ほ水池湖に泛戲せる舟楫の具を領せしむ。華林殿・沼 舊を修め新を增し、金墉の門樓を改作するに及び、皆な措く所の意、號して妍美と爲す。（後於平城將營太廟・太極殿、遣少游乘傳詣洛、量準魏晉基趾。後爲散騎侍郎、副李彪使江南。高祖修船乘、以其多有思力、除都水使者、遷前將軍・兼將作大匠、仍領水池湖泛戲舟楫之具。及華林殿・沼修舊增新、改作金墉門樓、皆所措意、號爲妍美。）

とあり、彼が歸國後、洛陽における華林園の改修・增築に攜わったことが傳えられている。この點について、長廣敏雄氏は、

蔣少游は、（散騎侍郎であった）太和十五年（四九一）十一月に、敕命により李彪の伴をして南朝（南齊）に公式使節としていっている。そういうチャンスにも、少游はおそらく熱心に南朝の都城や宮廷の諸設營、文物を觀察したにちがいない。それが洛陽華林園の造營に役立ったと想像することは、さほど無理なことではなかろう。

とあるように、太和十五年（四九一）における南齊への遣使が蔣少游による洛陽華林園の造營に役立ったことを指摘されている。[19]筆者は長廣氏の見解に贊同するものであるが、さらに『魏書』巻二一上咸陽王禧傳に、景明二年（五〇一）五月、宣武帝の輔政の大臣であった咸陽王禧について、

禧遂に其の妃の兄兼給事黃門侍郎李伯尙と謀反す。……禧洪池の東南より走るに、僮僕數人に過ぎず、左右の禧に從ふ者、唯だ兼防閤尹龍虎のみ。……俄にして禧擒獲せられ、華林の都亭に送らる。世宗親ら事源を問ひ、千斤の鎖を著け龍虎に格し、羽林之を衛るを掌る。（禧遂與其妃兄兼給事黃門侍郎李伯尙謀反。……禧自洪池東南走、僮僕不過數人、左右從禧者、唯兼防閤尹龍虎。……俄而禧被擒獲、送華林都亭。世宗親問事源、著千斤鎖格龍虎、羽林掌衛之。）

とあり、謀反に失敗した咸陽王禧が華林園に送られ宣武帝に訊問された際、「羽林」が關わっていたことが傳えられている。この史料から、北魏洛陽が單に造營といったレヴェルにとどまらず、建康の華林園で行われた親衛軍と關わる「詔獄」の影響をも受けていたことが見てとれよう。

また『北齊書』卷一三趙郡王叡傳に、北齊後主のとき輔政の任にあった趙郡王叡について、

世祖崩じ、葬後數日にして、叡と馮翊王潤・安德王延宗及び元文遙後主に奏して云へらく、和士開宜しく仍ほ內任に居るべからず、と。竝びに入りて太后に奏す。因りて士開を出だし兗州刺史と爲さんとす。太后曰はく、士開舊と驅使を經、留むること百日を過ぎんと欲す、と。叡色を正して許さず。……入りて太后に見ゆるに、太后復た以て言を爲すも、叡之を執ること彌々固し。出でて永巷に至るや、兵に遇ひ執へらる。華林園に送り、雀離佛院に於いて劉桃枝をして拉ぎて之を殺さしむ。（世祖崩、葬後數日、叡與馮翊王潤・安德王延宗及元文遙奏後主云、和士開不宜仍居內任。竝入奏太后。因出士開爲兗州刺史。太后曰、士開舊經驅使、欲留過百日。叡正色不許。……入見太后、太后復以爲言、叡執之彌固。出至永巷、遇兵被執。送華林園、於雀離佛院令劉桃枝拉而殺之。）

とあり、趙郡王叡がとらえられた後、華林園に送られ劉桃枝に殺害されたことが傳えられている。この劉桃枝とは『北齊書』卷五〇恩倖傳に、

高祖の時に蒼頭陳山提・蓋豐樂・劉桃枝等數十人有り、倶に驅馳せる便僻にして、頗る恩遇を蒙る。天保・大寧の朝、漸く以て貴盛たり。武平の時に至り皆な以て開府・封王なり。……蒼頭 始まること家人よりし、情寄 深密たり。後主に及び、則ち是れ先朝の舊人にして、勤舊の勞を以て、此の叨竊を致す。（高祖時有蒼頭陳山提・蓋豐樂・劉桃枝等數十人、倶驅馳便僻、頗蒙恩遇。天保・大寧之朝、漸以貴盛。至武平時皆以開府・封王。……蒼頭始自家人、情寄深密。及於後主、則是先朝舊人、以勤舊之勞、致此叨竊。）

とあるように、「蒼頭」とよばれる高氏の家人出身であり、『北齊書』巻一二琅玡王儼傳には彼が親衛軍の長として「禁兵」を率いていたことが記されている。皇帝にとって私的性格が強く、かつ親衛軍を率いていたという點は、先にみた制局監と共通するところがあるといえよう。

右には皇帝による訊問の記載がみられないが、このとき後主は十三歳であり、當時にあって彼が直接、大臣を訊問できたとは考えがたい。從って、趙郡王叡の殺害には胡太后の意思が強くはたらいていたであろう。ただし、王がなぜ華林園において劉桃枝のごとき「蒼頭」により殺害されたのかという點からみた際、そこには自ずから先述した「詔獄」の影響が存在していたと考えられる。

このように北魏宣武帝、北齊後主のときには咸陽王禧、趙郡王叡らによる輔政が存在したが、そうした狀況から帝權强化に向かわんとするまさにその時期に、親衛軍との關わりのなかで華林園における「詔獄」の影響がみられることは、單なる偶然とは考え難いであろう。そうであるとすれば、北魏洛陽・北齊鄴城はその造營のみでなく、御苑を軍事的に活用していた遊牧系政權の傳統、および帝權强化に向けた動きなどと相まって、建康における「詔獄」の影響をも受けていたと考えられる。

註

（1）拙稿「東晉南朝における建康の中心化と國家儀禮の整備について」（『七隈史學』第一三號、二〇一一年）參照。本書第二編第三章收載。

（2）渡邊信一郎「宮闕と園林――三〜六世紀中國における皇帝權力の空間構成――」（『考古學研究』第四七卷第二號、二〇〇〇年。のち『中國古代の王權と天下秩序――日中比較史の視點から――』第四章、校倉書房、二〇〇三年所收）參照。

（3）村上嘉實「六朝の庭園」（『古代學』第四卷第一號、一九五五年。のち『六朝思想史研究』第五章第二節、平樂寺書店、一九七四年所收）參照。

（4）妹尾達彥「隋唐長安城の皇室庭園」（橋本義則編『東アジア都城の比較研究』第三章、京都大學出版會、二〇一一年）參照。

（5）渡邊氏註（2）論文參照。なお、渡邊氏はこの軍禮・軍事關係施設における再審判について、當該論文の註（24）のなかで、「これがどのような意味をもつのか、現在のところよく分からない。」と述べておられる。

（6）辻正博「魏晉南北朝時代の聽訟と錄囚」（『法制史研究』五五、二〇〇五年）參照。

（7）張學鋒「六朝建康城的發掘與復原新思路」（『南京曉莊學院學報』二〇〇六年第二期、二〇〇六年。のち增補・翻譯として同氏〈小尾孝夫譯〉「六朝建康城の研究――發掘と復原――」『山形大學歷史・地理・人類學論集』第一三號、二〇一二年）參照。

（8）渡邊氏註（2）論文、小林聰「晉南朝における宮城內省區域の展開――梁陳時代における內省の組織化を中心に――」（『九州大學東洋史論集』第三五號、二〇〇七年）參照。

（9）冨田健之「漢代における『詔獄』の展開」（『古代文化』第三五卷第九號、一九八三年）參照。

（10）唐における流刑の裁判に關しても、同樣の手續きが見受けられる。この點については、辻氏「流刑案件の裁判手續き」（『唐宋時代刑罰制度の研究』第二章第二節、京都大學學術出版會、二〇一〇年）參照。

（11）越智重明「領軍將軍と護軍將軍」（『東洋學報』第四四卷第一號、一九六一年。のち『中國古代の政治と社會』下編「魏晉南朝の政治と社會」第二章、中國書店、二〇〇〇年所收）、張金龍「南朝監局及其禁衞權力問題」（『文史哲』二〇〇三年第四期、二〇〇三年。のち『魏晉南北朝禁衞武官制度研究』下册第四編附章、中華書局、二〇〇四年所收）參照。

(12)『大正新脩大藏經』では「御力」とするが、一方、その校勘記に宋・元・明の三本および宮內廳書陵部藏宋本では「御刀」としていることが記されている。本章であげた南北朝期に關する史料の事例を踏まえた際、「應敕」や「茹法珍」とともに「御力」という表現が出てくるのは前者のみであり、極めて例外的である。從って、いま後者にしたがう。

(13)越智氏註（11）論文參照。

(14)祝總斌「魏晉南北朝尚書左丞糾彈職掌考――兼論左丞與御史中丞的分工――」（『文史』第三二輯、一九九〇年）參照。

(15)濱口重國「魏晉南朝の兵戶制度の研究」（『山梨大學學藝學部紀要』第二號、一九五七年。のち『秦漢隋唐史の研究』上卷第一〇、東京大學出版會、一九六六年所收）、安田二郎「僑州郡縣制と土斷」（川勝義雄・礪波護編『中國貴族制社會の研究』京都大學出版會、一九八七年。のち『六朝政治史の研究』第三編第一一章、京都大學學術出版會、二〇〇三年所收）參照。

(16)拙稿「劉宋孝武帝の戶籍制度改革について」（『古代文化』第五九卷第一號、二〇〇七年）、「東晉宋初的五等爵――以五等爵與民爵的關係爲中心――」（『中國中古史研究』第一卷、中華書局、二〇一一年）參照。本書第一編第二・三章收載。

(17)朴漢濟「唐長安城三苑考――前漢上林苑의 機能과 비교하여――」（『歷史學報』第一八八輯、二〇〇五年。のち翻譯として同氏〈山崎雅稔譯〉「唐長安城三苑考――前漢上林苑の機能と比較して――」妹尾達彥編『都市と環境の歷史學』第二集、中央大學文學部東洋史學研究室、二〇〇九年）、妹尾氏註（4）論文參照。なお、後述する北魏・北齊の「詔獄」には、いわゆる內朝の影響も存在したと考えられる。

(18)陳寅恪『隋唐制度淵源略論稿』二、禮儀附都城建築（商務印書館〈重慶〉、一九四〇年。のち『陳寅恪集　隋唐制度淵源略論稿　唐代政治史述論稿』三聯書店、二〇〇一年所收）參照。

(19)長廣敏雄「六朝の苑囿」（『六朝時代美術の研究』第七章、京都大學人文科學研究所研究報告、一九六九年。增補版、朋友書店、二〇一〇年）參照。

第二編　東晉南朝の天下観

第一章　東晉南朝における天下觀について

——王畿、神州の理解をめぐって——

はじめに

東晉南朝の正統性について、中原に位置し地理的優位にたつ五胡政權、北朝に對し、邊境に存在する江南政權は漢族としての文化傳統を誇示することによって對抗したという理解がなされている。(1)

しかし、劉宋孝武帝期においては、たとえば、『宋書』巻六孝武帝紀に、大明三年（四五九）二月乙卯のこととして、

揚州の統ぶる所の六郡を以て王畿と爲し、東揚州を以て揚州と爲す。（以揚州所統六郡爲王畿、以東揚州爲揚州。）

といった記事にも見られるように、建康を天下の中心とし、江南こそが中國であると主張することによって、地理的邊境性を克服せんとする施策が行われた。つまり、孝武帝期は本來、邊境であるはずの江南を中國とし、東晉南朝の正統性が地理的に主張されたという點で畫期的なのである。從って、東晉南朝の正統性は單なる傳統の誇示のみでなく、それまでにない新たな創造的試みによっても主張されたと言うことができよう。

では、建康を天下の中心とする考えは、孝武帝のとき突如として出現したのであろうか。かりにそうであるとすれば、建康中心の天下觀はあくまで孝武帝個人によって主張されたのであり、當時の江南政權全體の動向を踏まえたものでないとすることも可能であろう。これに對し、それ以前からすでに存在していたのであれば、單に孝武帝個人に

とどまらない、江南政權の政治、社會的動向を踏まえたより包括的な施策であったことになる。この問題の解明は、東晉南朝の正統性がいつ頃、どのようにして地理的に主張されるようになったのかといったこととも關わるだけに、是非ともなされるべきであると筆者は考える。

冒頭にも述べたように、建康中心の天下觀は、劉宋孝武帝のとき制度化されるに至る。そこで本章では孝武帝が設置した王畿という行政區の設置に注目し、東晉南朝における王畿、及びそれと緊密に關連する神州の語が如何にして建康中心の天下觀を反映するようになったのかについて具體的に明らかにすることで、右の問題を考えていきたい。

第一節　東晉前期の王畿、神州について

王畿、神州の語の指す內容は、東晉の海西公から簡文帝ごろを境として、その前後で大きく變化する。本節では、太和五年以前（以下、東晉前期と呼ぶ）の王畿、神州について考察を行う。(2) 結論から言えば、王畿、神州の語には、前期にあって洛陽を、後期（咸安元年〈三七一〉以降、元熙元年〈四一九〉まで）にあって建康を中心とした天下觀が多く反映されている。

まず東晉前期の王畿についてであるが、この語は古來、理念的に都の千里四方を指すとされてきた。(3) この王畿には中甸、中畿、神畿、畿甸、京畿、帝畿、邦畿、神甸など、(4) これとほぼ同義の語が存在するので、本章では論の展開の都合上、これらをまとめ「王畿」として考察を行うこととする。

さて、東晉前期において洛陽とその周邊地域を「王畿」としている事例は、管見の及ぶ限り三例が存在する。『宋書』卷一九樂志一に、咸康七年（三四二）における顧臻の上表を載せて、

方今 夷狄は岸に對し、外御をば急と爲す。兵 七升を食ひ、身を忘れ難に赴くも、過泰の戲、日に五斗を稟く。方に神州を掃ひ、中甸を經略するに、此の若きの事、遠きに示すべからず。（方今夷狄對岸、外御爲急。兵食七升、忘身赴難、過泰之戲、日稟五斗。方掃神州、經略中甸、若此之事、不可示遠。）

とあり、胡族に對する防備が「中甸を經略す」にとって重要であったことが述べられている。では、史料中の中甸（「王畿」）は洛陽と建康のうち、いずれを指しているのであろうか。このとき中原は胡族政權の支配下にあり、東晉政權は北伐によりその恢復を目指していた。とすれば、この中甸（「王畿」）は洛陽とその周邊地域を指すとされよう。

また、『晉書』巻九八桓溫傳に、隆和元年（三六二）、哀帝が桓溫に下した詔を載せて、

在昔 喪亂し、忽ち五紀に涉り、戎狄 暴を肆にし、凶跡を繼襲す。眷みて言に西に顧み、慨歎 懷に盈ち、躬ら三軍を率ゐ、氛穢を蕩滌し、中畿を廓淸し、舊京を光復せんと欲するを知る。夫れ身を外にし國に殉ずるに非ざれば、孰か能く此の若き者あらんや。諸々の處分する所、之を高算に委ぬ。但だ河洛 丘墟にして、營む所の者廣く、經始の勤、勞懷を致すなり。（在昔喪亂、忽涉五紀、戎狄肆暴、繼襲凶跡。眷言西顧、慨歎盈懷、知欲躬率三軍、蕩滌氛穢、廓淸中畿、光復舊京。非夫外身殉國、孰能若此者哉。諸所處分、委之高算。但河洛丘墟、所營者廣、經始之勤、致勞懷也。）

とある。永和十二年（三五六）、桓溫は北伐に成功した。その後、彼は洛陽に遷都せんとして上疏をおこなう。右はその上疏に對する哀帝の詔である。詔では權臣の桓溫に配慮しつつ、洛陽が荒廢しているため遷都の件について留保することが婉曲に述べられている。史料中に「舊京を光復せん」とあることから、それと對句をなす「中畿を廓淸し」の中畿（「王畿」）は洛陽とその周邊地域を指すとされよう。

さらに、『太平御覽』巻三三九兵部七〇、牙の條に引く袁宏「祭牙文」に、太和四年（三六九）ごろ、彼が桓溫北伐の際につくった文章を載せて、[5]

赫赫たる晉德、乃ち武乃ち文。中世競はず、王度暫く屯し、戎狄夏を滑し、生民を虔劉す。蠢爾たる東胡、被髮左衽なるも、我が皇澤を思ひ、稽首せる海裔、爵を受け貢を納れ、服膺すること累世たり。後嗣不恭にして、實に叛き實に戻り、我が神畿を侵し、我が嘉惠を隔て、彼の黎民を哀しませ、此の彫殘に嬰かる。（赫赫晉德、乃武乃文。中世不競、王度暫屯、戎狄滑夏、虔劉生民。蠢爾東胡、被髮左衽、思我皇澤、稽首海裔、受爵納貢、服膺累世。後嗣不恭、實叛實戻、侵我神畿、隔我嘉惠、哀彼黎民、嬰此彫殘。）

とあり、晉の時代に胡族が神畿（「王畿」）を侵略したことが傳えられている。胡族が侵略したのは中原であるだけに、神畿は洛陽とその周邊地域を指すとされよう。

右より、東晉前期における「王畿」は北伐による中原恢復という文脈で出てくるとき洛陽とその周邊地域を指しているが、かかる東晉前期の三例は洛陽を天下の中心とする考えが強く作用したものと考えられる。

次に神州について見てみたい。その用法にはたとえば「赤縣神州」（『史記』卷七四鄒衍傳）とあるように中國全土を指す場合、あるいは後述の中原を指す場合がある。東晉前期にはこのうち後者の用例が多く存在するが、いまかかる點について、左の記事を手がかりに見てみよう。『宋書』卷一四禮志一に、建武元年（三一七）における戴邈の上表を載せて、

自頃無妄の禍ひに遭ひ、社稷に綴旒の危き有り。寇羯馬を長江に飲ひ、凶狡萬里に虎步し、遂に神州をして蕭條とし、鞠まりて茂草と爲り、四海の內をして、人跡交はらざらしむ。（自頃遭無妄之禍、社稷有綴旒之危。寇羯飲馬於長江、凶狡虎步於萬里、遂使神州蕭條、鞠爲茂草、四海之內、人跡不交。）

とある。胡族に侵略されたことにより荒廢したのは、言うまでもなく中原である。かりに神州が中國全土を指すとすれば、江南も荒廢したことになり歴史的事柄と齟齬をきたしてしまう。それだけに、神州についてとくに胡族が中原

を侵略したという文脈で出てくるときは、やはり中原を指すとされよう。かりに中國全土を指す場合があるとしても、それは中原が中心にあるために中國の荒廢を誇張して言っているものと考えられる。

こうした語義を踏まえた上で、東晉前期における神州の事例について具體的に表にまとめてみよう。胡族が中原を侵略した、あるいは侵略された中原を恢復するという文脈で出てくる神州の事例には、右に掲げた禮志一の事例（建武元年）のほかに、左表のような諸例がある。

神州の事例	時期	出典
今神州未夷	太寧二年（三二四）～咸和三年（三二六）	『晉書』卷七〇應詹傳
方掃神州	咸和七年（三三〇）	『宋書』卷一九樂志一
神州振蕩	咸康元年（三三五）	『晉書』卷七八孔坦傳
神州傾覆	咸康元年	『文館詞林』卷六六二東晉成帝北討詔
神州丘墟	永和三年（三四七）	『文選』卷三八桓溫「薦譙元彥表」
神州荒蕪	升平中（三五七～三六一）	『晉書』卷八三江逌傳
神州絕綱	隆和元年（三六二）	『晉書』卷五六孫綽傳
廢神州於龍漠	隆和元年	『晉書』卷九八桓溫傳
虔劉神州	隆和元年	『晉書』卷八三江逌傳

その時期について見てみると、上限は建武元年（三一七）であり、下限は隆和元年（三六二）である。なお、管見の及ぶ限り、東晉前期（建武元年〈三一七〉以降、太和五年〈三七〇〉までとする）に書かれた文書、石刻史料や公的な記録の残る議、上言などにおいて、後期（咸安元年〈三七一〉以降、元熙元年〈四一九〉まで）に頻出する神州を揚州とする事例は皆無である。

ところで、『晉書』巻一九禮志上に、東晉の初代皇帝である元帝のときのこととして、

元帝 渡江、太興二年（三一九）始めて郊祀を立つるの儀を議す。尚書令刁協・國子祭酒杜夷 議すらく、宜しく洛邑に旋都するを須ちて乃ち之を修むべし、と。司徒荀組 漢の獻帝は許に都して卽便ち郊を立つるに據り、自から宜しく此（建康を指す）に於いて修奉すべしとす。驃騎王導・僕射荀崧・太常華恆・中書侍郎庾亮 皆な組の議に同じ。事 遂に施行せられ、南郊を巳の地に立つ。其の制度 皆な太常賀循の定むる所にして、多く漢及び晉初の儀に依る。二月辛卯、帝 親ら郊祀し、饗配の禮 一に武帝の始めて郊するの故事に依る。是の時 尚ほ未だ北壇を立てず、地祇衆神 共に天郊に在り。(6)（元帝渡江、太興二年始議立郊祀儀。尚書令刁協・國子祭酒杜夷議、宜須旋都洛邑乃修之。司徒荀組據漢獻帝都許卽便立郊、自宜於此修奉。驃騎王導・僕射荀崧・太常華恆・中書侍郎庾亮皆同組議。事遂施行、立南郊於巳地。其制度皆太常賀循所定、多依漢及晉初之儀。二月辛卯、帝親郊祀、饗配之禮一依武帝始郊故事。是時尚未立北壇、地祇・衆神共在天郊。）

とあり、南郊祭天を都の建康でなく、恢復した後の洛陽で行うべきことが建議されている。南郊祭天は言うまでもなく、東晉王朝にとってきわめて重要な儀禮である。それだけに、建康が天下の中心であると明確に意識されていれば、議という公の場でこうした事柄が論じられることはあり得ないであろう。右より、太興二年においては、東晉の官僚層の中に依然として洛陽中心の天下観が大きな影響力を持っていたことが窺える。

しかし、その一方で現實には洛陽を恢復しておらず、皇帝の居所は建康に存在していた。そうした現實を受け、議の結果、東晉は南郊祭天を建康でおこなうに至ったのであろう。では、かかる江南に存在せざるを得ないといった現實が、天下觀に影響を及ぼすことはなかったのであろうか。いま、この點について僑民の土着化との關連からみてみよう。

先述した「王畿」の三例のうち最初の事例、すなわち樂志一に記されている顧臻の上表は咸康七年（三四一）に行われたものである。この年の四月には、東晉において著名な咸康土斷が行われた。土斷の語義は安田二郎氏が述べておられるように、「僑民に對する土着策以外の何ものでもあり得ない」(7)。從って、咸康土斷については諸說あるが、少なくともそれが中原から避難した僑民に對する土着策であることはその語義からして疑い得ないであろう。この土斷は東晉成立から二十五年ほどして施行された。それだけに、元帝のときに避難した僑民の中には二世、三世さえ誕生している者も存在したはずである。彼らは東晉治下において生を受けており、一世にくらべ歸北の意識が弱まっていたであろう。また、歸北するまでとは言え、建康は皇帝の居所、江南政權の都となっており、二世らの頃には傳統的に洛陽を天下の中心としつつも、徐々にではあるが建康中心の天下觀をもつ者が出てきたことが想定される。この想定が當を得たものであるとすれば、そうしたことが「王畿」の指す內容に影響を與えることもあるだろう。いま、この點について考えてみたい。

『通典』卷八〇禮典四〇、奔大喪奔山陵附の條に、咸康中における王濛の議を載せて、

東晉成帝の咸康中、恭皇后の山陵、司徒西曹屬王濛 奔赴の制を立つるを議して曰はく、三代の垂文、時を觀て損益す。今ま服敎の地、古の九服より遠し。若し七月の斷を守り、遠近 一槩なれば、實に違ふ。懼らくは通制に非ず。請ふらくは王畿以外、南のかた五嶺を極むるまで、見職を守るに非ずして、周年 至らざれば、宜しく勒して

黄紙に注し、爵土有る者は削降すべし。（東晉成帝咸康中、恭皇后山陵、司徒西曹屬王濛議立奔赴之制曰、三代垂文、觀時損益。今服敎之地、遠於古之九服。若守七月之斷、遠近一槩者、違實。懼非通制。請王畿以外、南極五嶺、非守見職、周年不至者、宜勒注黄紙、有爵土者削降。）

とあり、恭皇后の山陵に奔赴の制をおこなう際、王畿とそれ以外の地域の間で同じ期限を設けることは實情にたがうとしたことが傳えられている。恭皇后の山陵は鷄籠山の南に存在した（『建康實錄』卷七咸康八年十月丙辰の條）。從って、この場合の王畿は建康とその周邊地域を指すとされよう。

右の史料にでてくる王濛は永和三年（三四七）において、數え年で三十九歳のとき死亡したことが傳えられている（『法書要錄』卷九張懷瓘書斷下、能品の條）。從って、建武元年（三一七）はおおよそ九歳、山陵の議を行った咸康七年（三四一）は三十三歳であった。數え年で九歳のときの記憶がどこまで殘っていたかは微妙であるが、少なくとも江南に二十五年ちかく生活していたこともあって、彼の土着化が全く進んでいなかったとは考えにくい。とすれば、王濛が建康とその周邊地域を王畿と表現した背景には、僑民である王濛の土着化が存在したであろう。

かりに僑民の土着化が個々人の私的な問題とされ、東晉王朝が建康を天下の中心とすることを全面的に禁止していたとすれば、王濛が議という公的な場で建康とその周邊地域を王畿と表現することはあり得ない。從って、彼の議で建康とその周邊地域が王畿とされているのは、個々の僑民にとどまらない土着化が背景にあったと考えられる。

また、『藝文類聚』卷四六職官部二、太傅の條に引く孫綽「太傅褚褒碑」に、

都督兗州刺史にして、將に以て畿甸に藩屛たらんとす。（都督兗州刺史、將以藩屛畿甸。）

とある。褚褒は建元二年（三四四）、都督徐・兗二州諸軍事、兗州刺史に就官しており（『晉書』卷七康帝紀建元二年閏八月丁巳の條・卷九三褚褒傳）、史料中の「都督兗州刺史」はそのことを述べたものとされよう。とすれば、建康と兗州の位

置關係から、「畿甸に藩屛たらんとす」とは、畿甸（＝王畿）である建康とその周邊地域を守るべく、兗州刺史として胡族の南下に備えたことを意味するものと考えられる。

では、なぜ孫綽はかかる地域を畿甸としたのであろうか。先に王濛について述べたことを踏まえると、當然、土着化との關係が想定されよう。孫綽については、著名な史料であるが、『晉書』卷五六孫綽傳に、彼の上疏を載せて、

喪亂より已來六十餘年、蒼生殄滅して、百に一も遺らず。河洛丘虛にして、函夏蕭條たり。井は堙がれ木は刊られ、阡陌夷滅し、生理茫茫として、永く依歸無し。江表に播流して、已に數世を經、存する者は長じ子の老ゆるは孫あり、亡き者の丘隴行を成す。北風の思ひ其の素心に感ずと雖も、目前の哀しみ實に交切爲り。若し都を遷し軫を旋すの日、中興の五陵、卽ち復た緬に遐域と成れば、泰山の安き既に以て理保し難く、烝烝の思ひ豈に聖心に纏はらざらんや。（自喪亂已來六十餘年、蒼生殄滅、百不遺一。河洛丘虛、函夏蕭條。井堙木刊、阡陌夷滅、生理茫茫、永無依歸。播流江表、已經數世、存者長子老孫、亡者丘隴成行。雖北風之思感其素心、目前之哀實爲交切。若遷都旋軫之日、中興五陵、卽復緬成遐域。泰山之安既難以理保、烝烝之思豈不纏於聖心哉。）

とある。これは隆和元年（三六二）、桓溫が洛陽に遷都せんとしたことに對し、孫綽が僑民の土着化を理由に反對したものである。中原とくに西晉の都である洛陽中心の天下觀からすれば、孫綽による遷都反對はかなり異樣なこととされよう。にもかかわらず、彼が上疏という公的な文書において右の意見を述べた背景には、やはり先述した個々の僑民にとどまらない土着化が存在したと考えられる。

なお、このほか『華陽國志』卷一二序志に、

駟牡騤騤とし、萬馬龍飛す。陶然として斯に猶き、皁いに京畿に會す。（駟牡騤騤、萬馬龍飛。陶然斯猶、皁會京畿。）

とある。史料中の京畿は王畿と同義の語であり、右は建康に四方の人物、物資が集まることを述べたものである。[8]

從って、この京畿の語には建康を中心とする天下觀が反映されていることになる。『華陽國志』の作者である蜀郡の常璩は永和三年（三四七）のことまでを記しているだけに、同書はそれ以後しばらくして成立したものとされよう。ただし、成立年代が正確にはわからないので、いま東晉が征服した蜀郡の常璩の意識において、建康を天下の中心とする考えがあったことを指摘するにとどめておく。

以上の考察にみられるごとく、東晉前期（建武元年〈三一七〉以降、太和五年〈三七〇〉まで）においては天下の中心を示す「王畿」について、洛陽あるいは建康中心の天下觀が反映された事例が存在する。具體的にいえば、北伐による中原恢復と僑民の土着化のいずれを重視するかによって、その指す內容、すなわち天下の中心をどことするかにズレが生じていると考えられるのである。

第二節　東晉後期より劉宋文帝期までの王畿、神州について

本節では、東晉後期（咸安元年〈三七一〉以降、元熙元年〈四一九〉まで）より劉宋文帝期に至る「王畿」、神州について考察する。

まず東晉後期より劉宋文帝期までの「王畿」についてである。この時期の「王畿」については、前節で述べた僑民の土着化とも關係していると考えられるが、同じ皇帝が發給した文書であるにもかかわらず、あるものは洛陽を、あるものは建康を中心とする天下觀が示された事例が存在する。たとえば東晉安帝の發給した文書において洛陽中心の天下觀が確認できるものとして、『文館詞林』卷六六九東晉安帝平姚泓大赦詔に、義熙十四年（四一八）の詔を載せて、(9)

昔し陽九　災ひを告げ、永嘉　馭を失ひ、四夷　交々侵し、諸夏　分分たりて、五陵を寇域に幽され、二塋を平陽に

淪めらる。……上天　載有り、未だ九服を亡ぼさず、誕いに聖宰を授け、靈武　命代たり。八紘　未だ張らざれば、大援を中畿に思ひ、昧弱に徵有れば、時來を介石に撫す。故に能く戚揚　未だ揮はずして、則ち伊・洛　流れを澄ます。干を九河に總れば、則ち威　龍漠に震ふ。遂に乃ち戎輅　轅を西にし、彤弧　遠指す。網を倒戈の徒に解き、奔北の虜を長驅し、僞帥を崤潼に崩し、大憝を關右に羈ぐ。（昔陽九告災、永嘉失馭、四夷交侵、諸夏分分、幽五陵於寇域、淪二塋於平陽。……上天有載、未亡九服、誕授聖宰、靈武命代。八紘未張、思大援於中畿、昧弱有徵、撫時來於介石。故能戚揚未揮、則伊・洛澄流。總干九河、則威震龍漠。遂乃戎輅西轅、彤弧遠指。解網倒戈之徒、長驅奔北之虜、崩僞帥於崤潼、羈大憝於關右。）

とある。史料には、東晉が胡族に侵略された中畿（「王畿」）の恢復につとめ、北伐によりそれを果たしたことが述べられている。「伊・洛　流れを澄ます」の語が見えるように、劉裕の北伐軍は義熙十二年十月、洛陽を占領したので（『晉書』巻一〇安帝紀）、ここにいう中畿（「王畿」）とは洛陽とその周邊地域を指すとされよう。とすれば、右の詔は劉裕北伐の成功を受けたものであり、洛陽を中心とする天下観が反映されていることになる。

ところがその一方で、ほぼ同時期に同じく安帝によって發給された文書でありながら、洛陽でなく建康中心の天下観が反映されている事例がある。すなわち、『宋書』巻二武帝紀中に、義熙十二年、安帝が劉裕を相國、宋公に任命した策書を載せて、

劉毅　叛換して、釁を西夏に負ひ、上を凌げ主を罔みす。志　姦暴を肆にし、協黨を附麗して、王畿を扇蕩せんとす。（劉毅叛換、負釁西夏、凌上罔主。志肆姦暴、附麗協黨、扇蕩王畿。）

とある。劉毅は荊州刺史として江陵に據りつつ、建康にいた劉裕に敵對した人物である。從って、史料中の王畿が建康とその周邊地域を指していることは言うまでもないであろう。とすれば、「王畿」については、ほぼ同時期に同一の

皇帝によって發給された文書でも、その指す內容にズレが存在していることになる。

無論、右に揭げた詔や策書は、皇帝本人でなく別人が起草したものであろう。それだけに、こうした行政文書には、起草した人物の天下觀が反映されているとされよう。ただし、詔や策書は、統治の方針を示す重要な行政文書である。從って、たとえ別人の手になるとはいえ、そうした文書において天下の中心が二つながらに示されるのはかなり異樣なことである。かかる事柄が生じた原因は樣々に考えられるであろうが、少なくともその一つとして先に述べた僑民の土着化が存在していたことは確實であろう。

では、東晉後期より劉宋文帝期までにおいて、「王畿」の事例は前節の東晉前期とくらべ、如何に變化するのであろうか。いま、當該時期における事例を表に示してみよう。

「王畿」の事例	時　期	出　典
眷言帝畿	永初三年（四二二）	『藝文類聚』卷一三、帝王部三、宋武帝の條に引く宋顏延之「武帝諡議」
自昔淪中畿	元嘉二十三年（四四六）	『宋書』卷九五索虜傳

東晉後期から劉宋文帝期までにおいて「王畿」が洛陽とその周邊地域を指す事例は、先述した東晉安帝の事例を除けば、管見の及ぶ限り右の二例が存在する。

一方、建康とその周邊地域を指す事例は、同じく安帝の事例を除くと、左の十六例があげられる。

「王畿」の事例	時期	出典
臣輒較量畿甸	太元元年（三七六）	『晉書』卷七四桓沖傳
侵擾邦畿	義熙六年（四一〇）	『晉書』卷八五何無忌傳
今畿甸告寧	義熙六年	『藝文類聚』卷五四刑法部、刑法の條に引く宋傅亮「爲劉毅軍敗自解表」
或顯戮京畿	義熙八年	『宋書』卷五二袁豹傳
迢遞封畿外	義熙十一年	『文選』卷二五謝瞻「於安城答靈運」
俾我畿甸、拯於將墜	義熙十二年	『宋書』卷二武帝紀中
藩輔王畿	義熙十三年	『宋書』卷二武帝紀中
尹司京畿	義熙十三年ごろ	『宋書』卷四二劉穆之傳
事發京畿	義熙十四年（四一八）	『宋書』卷四二王弘傳
治兵于京畿	義熙十四年	『宋書』卷六七謝靈運傳
秉牧畿甸	元嘉五年（四二八）	『宋書』卷四二王弘傳
自奉職邦畿	元嘉九年	『宋書』卷九二良吏傳
出宿薄京畿	元嘉十年	『文選』卷二六謝靈運「初發石首城」
揚鮮帝畿	元嘉十八年	『宋書』卷二九符瑞志下
趨致畿甸	元嘉二十七年	『宋書』卷七〇袁淑傳
咫尺神甸	元嘉二十七年	『宋書』卷七〇袁淑傳

表にみられるように、東晉後期から劉宋文帝期までにあっては、「王畿」が建康とその周邊地域を指す事例が多くなる。さらに、孝武帝が大明三年（四五九）において、浙西に王畿とよばれる新たな行政區を設置したことは「はじめに」で述べた。この大明三年より後の「王畿」は、管見の及ぶ限りその全てが建康とその周邊地域を指している。いま紙幅の都合で割愛するが、大明三年より後、「王畿」が建康とその周邊地域を指す事例は、筆者が確認し得た限りでも四十例以上になる。(11)かかる事柄は僑民の土着化により、建康中心の天下觀が徐々に影響力をもってきたことを示していよう。

それでは、次にみる神州については如何であろうか。『晉書』卷七七殷浩傳に、咸安元年（三七一）十二月、(12)殷浩の故吏である顧悅之が舊主の復官を求めた上疏に、

故中軍將軍・揚州刺史殷浩、體德　沈粹にして、識理　淹長、風流雅勝にして、聲　當時を蓋ふ。再び神州に臨むや、萬里　肅淸にして、勳績　茂著たり。（伏見故中軍將軍・揚州刺史殷浩、體德沈粹、識理淹長、風流雅勝、聲蓋當時。再臨神州、萬里肅淸、勳績茂著。）

とある。注目すべきは、史料中の神州が指している場所である。神州の直前に揚州刺史の語が見られることから、「再び神州に臨む」とあるのは殷浩が再度、揚州刺史に就官したことを示しており、それは彼の官歴によっても確かめられる（『晉書』卷八穆帝紀永和二年三月丙子の條・卷七七殷浩傳）。つまり、史料中の神州は、前節に述べた中原でなく揚州を指すのである。

では、なぜ顧悅之は揚州を神州としたのであろうか。先に「王畿」について考察したことを踏まえると、まず想起されるのは僑民の土着化であろう。前節でみた孫綽傳の記事から十年ほど經過しているだけに、顧悅之による上疏が行われた咸安元年において、僑民の土着化はさらに進んでいたと考えられる。

かかる私見が當を得たものであるとすれば、これより後の時代においては僑民の土着化との關連から、揚州を神州とする事例が増加していくことが想定される。ただし、神州の事例は「王畿」にくらべて少ないため、この想定を檢證するにあたっては時期を南朝全體に廣げて考察する必要がある。いま東晉後期と南朝期の事例を表に示すと、以下のようになる。

神州の事例	時　期	出　典
神州暫擾	元嘉三十年（四五三）	『宋書』巻七五王僧達傳
疆理神州	『晉中興書』が成立した五世紀中ごろ	『太平御覽』巻四六二人事部一〇三、遊說下の條に引く「晉中興書」の地の文
巣穴神州	永泰元年（四九八）	『南齊書』巻二六陳顯達傳、『文館詞林』巻六六二齊明帝北伐纂嚴詔
充仞神州	梁武帝のとき	『文選』巻五四劉峻「辨命論」

神州が胡族による中原侵略、もしくは北伐との關連で中原を指す事例は、管見の及ぶ限り右の四例である。一方、揚州を神州とするのは、後述の劉宋孝武帝、沈懷文傳の事例を除けば、左の十九例があげられる。

神州の事例	時　期	出　典
固辭神州	元嘉六年（四二九）	『宋書』巻四二王弘傳

神州任重	元嘉六年	『宋書』巻四二王弘傳
神州統外	大明元年（四五七）	『宋書』巻八五謝莊傳
荷任神州	大明三年	『宋書』巻七九竟陵王誕傳
擁神州之衆	泰始二年（四六六）	『宋書』巻八四鄧琬傳
司徒以宰相不應帶神州	泰始六、七年	『宋書』巻八五王景文傳
神州奧區	建元二年（四八〇）	『南齊書』巻三四虞玩之傳
非止於帶神州者	永明二年（四八四）	『南齊書』巻二二豫章王嶷傳
神州大治	『宋書』の本紀、列傳が成立した永明六年	『宋書』巻一〇〇沈璞傳
神州儀刑之列岳	延興元年（四九四）	『文選』巻三八任昉「爲齊明帝讓宣城郡公第一表」
神州部內	建武二年（四九五）	『南齊書』巻五〇巴陵王昭秀傳
神州帝城	天監元年（五〇二）	『藝文類聚』巻五一封爵部、親戚封の條に引く梁任昉「武帝封臨川・安興（成？）・建安等五王詔」
神州之重	中大通二年（五三〇）ごろ	『藝文類聚』巻四八職官部四、驃騎将軍の條に引く梁簡文帝「讓驃騎・揚州刺史表」
理務神州	中大通四年	『梁書』巻三六孔休源傳
映以年少臨神州	『南齊書』が成立した六世紀前半	『南齊書』巻三五臨川王映傳
早攝神州	『金樓子』が成立した六世紀中ごろ	『金樓子』原序

攝牧神州	『金樓子』が成立した六世紀中ごろ	『金樓子』著書篇
旣變淮海爲神州	『金樓子』が成立した六世紀中ごろ	『金樓子』著書篇、丹陽尹傳序
攝牧神州	『金樓子』が成立した六世紀中ごろ	『金樓子』著書篇、懷舊志序

つまり、咸安元年（三七一）において揚州を神州としたのを契機として、以後はそうした事例の方が多く見られるようになるのである。

以上の考察より、東晉後期以降、「王畿」、神州が建康とその周邊地域を指す事例が多く見られるようになるが、その背景には僑民の土着化が存在したと考えられる。

小結

本章では東晉南朝における「王畿」、神州の語に注目し、以て江南政權における天下觀の變化について考察した。その結果、東晉後期から建康を天下の中心とする考えをもつ者が多くなることが明らかとなった。

ただし、そうであるからと言って、王朝の上層部がこれを踏まえ、劉宋孝武帝のごとく王畿の設置を斷行するには至らなかった。たとえば明堂は本來、天下の中心にあるべき重要な禮制建築であるが、東晉孝武帝期においては、これを建康でなく恢復した後の洛陽に建設すべしとする朝議がなされ、當時の重臣らもそれに贊同している。[13] つまり、東晉後期においては、確かに建康を天下の中心とする考えをもつ者が多くなったが、政權上層部では依然として洛陽中心の天下觀が影響力を有していたのである。

その後の元嘉二十七年（四五〇）、劉宋文帝は北伐に失敗し、南朝は北朝に對し軍事的に劣勢となる。これは中原恢復の可能性が極めて低くなったことを意味した。そうしたことを受け、政權上層部のなかには中原恢復を斷念し、江南に立脚した天下觀をもつべしとする者が出てくるようになる。このことは、例えば孝武帝期に劉宋王朝の弱體を示すものであり屈辱的であるとされた北魏との互市を行ってさえいる點からも窺えるところである（『宋書』巻八五謝莊傳・巻九五索虜傳）。劉宋孝武帝期に建康中心の天下觀が明確な政策的意圖を以て制度化されるに至った背景には、右のような江南政權の變容が存在したと考えられる。

註

（1）中村圭爾「南朝國家論」（『岩波講座　世界歴史』第九巻、岩波書店、一九九九年。のち『六朝政治社會史研究』第二編第一三章、汲古書院、二〇一三年所收）參照。

（2）ここでいう王畿、神州とは、補註にあるように編纂史料における地の文ではなく、同時代に書かれたことが明らかな文書、石刻史料や、公的な記録の殘る議、上言などの中に出てくるものを指す。

（3）大櫛敦弘「中國『畿內制度』の形成に關する一考察」（西嶋定生博士追悼論文集編集委員會『東アジア史の展開と日本』山川出版社、二〇〇〇年）參照。なお、王畿が都とその千里四方を指すというのは、あくまで理念としてである。從って、以下の記述では、都とその周邊地域と表記することとする。

（4）このうち畿甸について、『周書』巻四八蕭詧傳に、蕭詧の「愍時賦」を載せて「昔し方千にして畿甸たり。（昔方千而畿甸。）」とあることから、やはり「王畿」と同義の語であるとされよう。ただし、「王畿」であっても、特定の地域を示さない文學的表現の場合は、本章で考察の對象としない。

なお、中甸は「中」の字が附くだけに、中國の地理的中心たる洛陽とその周邊地域のみを指すとする見解があるかもしれない。しかし、「死を中甸に送る。（送死中甸。）」（『宋書』巻七四沈攸之傳）、「牧を中甸に作す。（作牧中甸。）」（『藝文類聚』巻五

○職官部六、刺史の條に引く齊謝脁「爲錄公拜揚州恩敎」）に見られるように、「中」の字が附いているにもかかわらず、中國東南に偏在する建康とその周邊地域を意味する事例があるため、右の見解は成立し難いとされよう。

（5）袁宏は桓溫に文筆の能力を重んじられ、その大司馬府において記室參軍となり、伏滔とともに「袁・伏」と竝び稱されたことで著名である（『晉書』卷九二袁宏傳）。中林史朗氏によれば、彼が記室參軍に就任したのは、興寧元年（三六三）以後のことであった（同氏「袁宏管見――政治的動靜と『後漢紀』――」『漢學會誌』第三二號、一九九三年）。『太平御覽』卷三三九兵部七〇、牙の條には、その文章である「晉袁宏祭牙文」が收められているが、そこには胡族が侵略した「神畿」すなわち洛陽とその周邊地域における慘狀を思うにつけ、發憤して食事も忘れるほどであると述べられている。こうした袁宏の經歷、史料の內容などを踏まえると、この祭牙文は桓溫が北伐をしたときにつくった文章とされよう。桓溫は永和十年（三五四）・十二年（三五六）、太和四年（三六九）の三度にわたって北伐を行っている。さらに、先に述べたごとく、袁宏が大司馬桓溫の記室參軍になったのは、興寧元年以後のことである。從って、この文章は太和四年ごろにつくられたとして大過ないであろう。

（6）原文には「三月」とあるが、中華書局點校本の校勘記に從い「二月」とする。

（7）安田二郎『六朝政治史の研究』四五五頁（京都大學學術出版會、二〇〇三年）參照。

（8）劉琳校注『華陽國志校注』九〇九～九一〇頁（巴蜀書社、一九八四年）、任乃强校注『華陽國志校補圖註』七三六～七三七頁（上海古籍出版社、一九八七年）參照。

なお、『廣弘明集』卷一五上、釋迦文佛像讚幷序に、「風を六合に遺し、芳を赤畿に佇つ。（遺風六合、佇芳赤畿。）」とある。作者の支遁は東晉前期に活躍した人物であるが、史料中の六合が天下を意味する語であるだけに赤畿も同樣の地域を指すとされよう。この點について、『國譯一切經』護經部二、三三八頁（大東出版社、一九三六年）に赤畿の語釋を載せて、「赤縣神州、と王畿の意にして中國の稱。」とあり中國を意味するとしているのは、右の私見を支えるところがある。

さらに、『晉書』卷一〇九慕容皝載記に成帝の咸康七年（三四一）ごろ（『資治通鑑』卷九六咸康七年二月の條による）に慕容皝が庾冰に宛てた書を載せて、「君　椒房の親、舅氏の昵を以て、樞機を總據し、王命を出內し、列將・州司の位を兼擁す。

昆弟網羅し、畿甸に顯布す。(君以椒房之親、舅氏之昵、總據樞機、出內王命、兼擁列將・州司之位。昆弟網羅、顯布畿甸。)」とある。五胡諸王朝が天下の中心を何處と考えていたかは、きわめて興味深い問題である。ただし、本章で對象としているのは、東晉の皇帝や官僚層の天下觀であるので、いまは右の史料を擧げるにとどめておく。

(9) 劉裕の北伐軍は義熙十二年（四一六）に洛陽を、翌十三年に長安を占領した。また、『晉書』卷一〇安帝紀に、義熙十四年正月、大赦を行ったことが見えるので、詔はこのとき出されたものと考えられる。

(10) 策書は『宋書』卷二武帝紀中、義熙十二年（四一六）十月の條、『建康實錄』卷一一高祖武皇帝義熙十二年十一月癸巳の條にみえる。

(11) 孝武帝の大明三年より後において、「王畿」、神州に中原とりわけ洛陽中心の天下觀が反映されている事例は、かりに存在したとしてもきわめて少ないであろう。

(12) 『建康實錄』卷八咸安元年十二月の條による。

(13) 拙稿「劉宋孝武帝の禮制改革について――建康中心の天下觀との關連からみた――」(『九州大學東洋史論集』第三六號、二〇〇八年）參照。本書第二編第二章收載。

(補註)「王畿」、神州の語について、編纂史料における地の文の場合、何らかの形で書き手の考えが反映されてしまう。すなわち、史料が對象とする時期には建康が天下の中心とされていなくとも、書き手により建康とその周邊地域が「王畿」、神州と記述される可能性が出てくる。從って、この問題の考察にあたっては、そうした書き手の考えが反映されない、もしくは反映されにくい史料に依據しなければならない。それは端的にいって、その時期に書かれたことが明らかな文書・石刻史料や、公的な記錄の殘る議・上言などであろう。從って、本章ではこうした史料に依據しつつ考察をおこなう。

第二章　劉宋孝武帝の禮制改革について
――建康中心の天下観との關連からみた――

はじめに

『宋書』巻六孝武帝紀に、大明三年（四五九）のこととして、

揚州の統ぶる所の六郡を以て王畿と爲し、東揚州を以て揚州と爲す。（以揚州所統六郡爲王畿、以東揚州爲揚州。）

とあり、劉宋孝武帝が、揚州所屬の六郡を以て江南の地に王畿を設置したことが傳えられている。この六郡には東晉以來、都が置かれていた建康が存在した。それだけに、かかる地に天下の中心を示す王畿という行政區を設置したことは、一見すると何ら疑問の餘地がないかの如くである。

しかし、曹魏・西晉において天下の中心は、中原とくに都の存在した洛陽であった。そうした洛陽を中心とする天下観は、東晉が成立した後も存在していた。建康は洛陽中心の天下観からすれば、東南の邊境に存在する。このことは東晉南朝における正統性という點からみた際、極めて大きな弱點であった。それ故、中村圭爾氏はその克服が「邊境での存在を餘儀なくされた東晉南朝にとって、最大の政治課題」(1)であったとしておられる。

とすれば、孝武帝による王畿の設置は、洛陽を中心とする天下觀に據ったとき、かなり異樣なものであるとされよう。もちろん、洛陽中心の天下観はあくまで中國のこれまでの歴史を踏まえた傳統的理念として存在したのであり、

現實には當時、皇帝の居所があったことや、僑民の土着化などによって、徐々にではあるが建康を天下の中心と考える人々も存在するようになっていた。さらに、洛陽を天下の中心とした際、中原の恢復は極めて重要であるが、元嘉二十七年（四五〇）、孝武帝の父である文帝が北伐に失敗して後、南朝は北朝に對し軍事的に劣勢となり、中原恢復が極めて難しくなった。つまり、孝武帝はこうしたことを踏まえ、建康中心の天下觀を主張することによって、正統性の弱點である地理的「邊境性」を克服しようとしたと考えられるのである。

しかし、正統性の主張は、王畿の設置のみで十全に行い得るものではない。たとえば妹尾達彦氏は、

前近代の王權は、みずからを宇宙の中心とし、王都（帝都）を價値と道德の源泉とみなした。正統性の根據が神ないし天の超越性・普遍性にあったために、帝國には國境という觀念は存在せず、王都からの距離に應じて文化の高低が存在するだけであった。つまり、王都を主舞臺にくりひろげられた帝國期の王朝儀禮の機能は、宇宙の秩序と地上の秩序の對應を說く觀念論を、劇的な形式で視覺化・具象化し、被支配者の心の中に支配の正統性を植えつけ、價値の中心性を創作することにあったといえる。

と述べ、正統性主張のために王都を天下の中心とする場合、國家儀禮が極めて重要であったことを指摘しておられる。(2) 筆者は氏の見解に贊同するものであるが、とすれば、建康中心の天下觀を考える際、國家儀禮の問題は是非とも考察されなければならないであろう。

孝武帝期における儀禮の問題を考える際、注目されるのは次の史料である。すなわち、『宋書』巻三一、五行志二、恆暘の條に、

孝武帝の大明七年・八年、東の諸郡 大旱ありて、民の飢死する者 十に六七。是より先 江左以來、制度 多く闕く。孝武帝 明堂を立て、五輅を造る。是の時 大いに徒衆を發して、南巡校獵し、盛んに自ら大なるを矜る。故

に旱災を致す。（孝武帝大明七年・八年、東諸郡大旱、民飢死者十六七。先是江左以來、制度多闕。孝武帝立明堂、造五輅。是時大發徒衆、南巡校獵、盛自矜大。故致旱災。）

とある。この記事は、孝武帝が明堂の建設、五輅の製造、南巡を行ったため、恆暘が生じたことを傳えている。明堂、(3)南巡はともに國家儀禮であり、五輅は儀禮において皇帝が乗る車のことを指す。(4)從って、右は國家儀禮そのもの、もしくは儀禮と極めて關係の深いものであったとされよう。また、史料中の恆暘は、旱魃を意味する語である。同條には、それが起こる原因について「亢陽 自から大なるは、又た其の應なり。（亢陽自大、又其應也。）」と記されているが、これは君主として限度を超えた狀態・行動が、旱魃を引き起こした原因であったとするものである。(5)

では、孝武帝は何故、後世から限度を超えているとされた明堂の建設、五輅の製造、南巡を行ったのであろうか。彼が江南王朝化や元嘉二十七年の北伐失敗などを受け、建康の存在する地に王畿を設置したことはすでに述べた。さらに、王朝の儀禮は、都が天下の中心であることを視覺化、具象化する働きをもつ。右をあわせ考えると、孝武帝によるこれらの施策は王畿の設置と同樣、建康中心の天下觀を主張するべく行われたことが想定される。こうした問題の解明は、梁武帝が受菩薩戒や佛寺の建立など佛教政策によって江南政權の正統性を主張しようとしたことの解明にもつながると考えられる。

本章は右述の問題關心から、劉宋孝武帝が行った明堂の建設、五輅の製造、南巡について考察し、以て東晉南朝において最大の政治課題であった地理的「邊境性」の克服について解明しようとするものである。

第一節　明堂の建設

本節では、劉宋孝武帝が東晉南朝において、初めて明堂を建康に建設したことについて述べる。

さて、東晉の明堂に關しては、『宋書』巻一六禮志三に、

按ずるに元帝 命を紹ぎて中興し、漢氏の故事に依り、宜しく明堂宗祀の禮を享すべきも、江左 明堂を立てず。故に焉を闕く。（按元帝紹命中興、依漢氏故事、宜享明堂宗祀之禮、江左不立明堂。故闕焉。）

とあり、初代の皇帝である元帝のとき、漢の故事によって「明堂宗祀の禮」を行うべきであったが、明堂が建設されていなかったため、これを行わなかったことが傳えられている。その後、『通典』巻四四禮典四、大享明堂明堂制度附の條に、東晉孝武帝の太元十三年（三八八）のこととして、

正月後辛、明堂を祀る。車服の儀、率ね漢制に遵ふ。出ずるに法駕を以てし、服するに袞冕を以てす。（正月後辛、祀明堂。車服之儀、率遵漢制。出以法駕、服以袞冕。）

とあり、元帝のときから七十年ほどをへて、東晉孝武帝が明堂の儀禮を行ったことが傳えられている。

その一方、『晉書』巻一九禮志上に、東晉の明堂について、

江左以後、未だ修建するに遑あらず。（江左以後、未遑修建。）

とある。『通典』及び『晉書』の記事に據れば、明堂は儀禮が行われたにもかかわらず、建設はされていなかったことになるのであるが、これは如何に理解すべきなのであろうか。建築物が存在しない以上、儀禮も行われないといった立場からすれば、まず想起されるのは「江左以後」といった記事に、次のような解釋をすることであろう。すなわち、

「江左以後」とは、東晉孝武帝の太元十三年よりも前のことを指すのであり、それ以後は明堂が建設されたとする解釋である。しかし、『宋書』巻一六禮志三に、大明五年（四六一）、有司が明堂に供する牛について問うた上奏を載せて、

> 南郊 祭るに三牛を用ふ。廟 四時に六室を祠るに二牛を用ふ。明堂 肇めて建ち、五帝を祠り、太祖文皇帝もて配す。未だ祭るに幾牛を用ふるかを詳かにせず。（南郊祭用三牛。廟四時祠六室用二牛。明堂肇建、祠五帝、太祖文皇帝配。未詳祭用幾牛。）

とあり、「明堂 肇めて建」つといったことが記されている。かりに東晉孝武帝期においてすでに明堂が建設されていたとすれば、こうした表現が史料に出てくることは考え難いであろう。

また、『宋書』巻一六禮志三に、劉宋孝武帝が明堂を建設する際、有司によって行われた上奏に、

> 伏して明堂・辟雍を尋ぬるに、制に定文無し。經記 參差にして、傳説 乖舛たり。（伏尋明堂・辟雍、制無定文。經記參差、傳說乖舛。）

とあり、明確なことがわからないとしているが、そうであるとすれば、當然、東晉の明堂が參考にされるはずであろう。しかし、帝による明堂建設の際、東晉の明堂についての言及は全くなされていないのである。かかる劉宋孝武帝期の明堂に關する記事を踏まえたとき、「江左以後、未だ修建するに遑あらず」とは東晉孝武帝期以後も含め、明堂が東晉を通じて建設されていなかったことを示すものとされよう。

とすれば、東晉孝武帝期の明堂について建築物は存在しなくとも、儀禮が行われたことになるのであるが、そうした事柄が果たしてあり得るのであろうか。いまこの點について考えてみよう。『晉書』巻一九禮志上に、元帝の太興二年（三一九）のこととして、

> 帝 親ら郊祀するに、饗配の禮 一に武帝の始めて郊するの故事に依る。是の時 尙ほ未だ北壇を立てず、地祇衆神

共に天郊に在り。（帝親郊祀、饗配之禮一依武帝始郊故事。是時尚未立北壇、地祇衆神共在天郊。）

とあり、北郊壇が建設されていなかったため、「地祇衆神」は南郊壇に存在するとしたことが傳えられている。つまり、東晉において儀禮をおこなう建築物がない場合、そこで祭る神はほかの建築物に存在するとした事例があるのである。こうした南郊壇における「地祇衆神」の存在は、南北郊の儀禮が天地を祭るという對應關係にあったことによるものであろう。

また、『通典』巻四四禮典四、大享明堂明堂制度附の條に、唐の武德初めのことであるが、

令を定む。每歲季秋、五方上帝を明堂に祀り、元帝を以て配し、五人帝・五官 竝びに從祀す、と。貞觀の末に迄るまで、竟に未だ明堂を立つるを議せず、季秋大享 則ち圜丘に於いて事を行ふ。（定令。每歲季秋、祀五方上帝於明堂、以元帝配、五人帝・五官竝從祀。迄於貞觀之末、竟未議立明堂、季秋大享則於圜丘行事。）

とあり、唐初に明堂が建てられなかったこと、そのため圜丘で儀禮を行ったことなどが傳えられている。右を踏まえた際、東晉の明堂における祭祀についても、南郊壇でおこなわれた蓋然性が高いと考えられる。

さらに、『宋書』巻一六禮志三に、泰始二年（二六六）のこととして、

時に羣臣 又た議すらく、五帝、卽ち天なり。五氣 時ごとに異なり。故に其の號を殊にす。名 五有りと雖も、其の實 一神なり。明堂・南郊、宜しく五帝の坐を除き、五郊 五精の號を改め、皆な同じく昊天上帝と稱し、各々一坐を設くべきのみ、と。……帝 悉く之に從ふ。（時羣臣又議、五帝、卽天也。五氣時異。故殊其號。雖名有五、其實一神。明堂・南郊、宜除五帝之坐、五郊改五精之號、皆同稱昊天上帝、各設一坐而已。……帝悉從之。）

とあり、『宋書』巻一六禮志三に、太康十年（二八九）の詔を載せて、

其れ明堂及び南郊の五帝の位を復せよ。（其復明堂及南郊五帝位。）

とあって、明堂、南郊で祭る五帝（昊天上帝の季節ごとの姿）に關する變更が、互いに連動して行われている。加えて、『南齊書』巻九禮志上に、東晉の明堂儀禮がおこなわれた太元十三年における孫耆之の議を載せて、

郊 以て天を祀り、故より之に配するに后稷を以てす。明堂 以て帝を祀り、故より之に配するに文王を以てす。（郊以祀天、故配之以后稷。明堂以祀帝、故配之以文王。）

とあり、南郊で「天」、明堂で「帝」を祭るとしている。この「天」、「帝」はいずれも昊天上帝のことを指す。このように明堂と同じ神を祭る儀禮は、管見の及ぶ限りほかに存在しない。右は東晉における明堂儀禮が南郊壇で行われたとする私見を支えるところがあろう。(6)

さて、『宋書』巻一六禮志三に、東晉孝武帝が明堂儀禮をおこなった前年の太元十二年（三八七）のこととして、

詔して曰はく、……太祖 虚位にして、明堂 未だ建たず。……便ち詳議すべし、と。……吏部郎王忱 議すらく、明堂は天に則り地に象る、儀觀の大なるものなり。宜しく皇居 舊に反るを俟ちて、然る後ち 之を修むべし、と。驃騎將軍會稽王司馬道子・尙書令謝石の意は忱の議に同じ。是に於いて奉行して一に改むる所無し。（詔曰、……太祖虚位、明堂未建。……便可詳議。……吏部郎王忱議、明堂則天象地、儀觀之大。宜俟皇居反舊、然後修之。驃騎將軍會稽王司馬道子・尙書令謝石意同忱議。於是奉行一無所改。）

とあり、王忱が明堂は「天に則り地に象る、儀觀の大なるものなり」といった重要な儀禮であるので、洛陽に皇居が歸る、すなわち洛陽に遷都して後、その地に建設すべしとしたことが傳えられている。これは洛陽中心の天下觀にもとづいたものであるが、右からは明堂が天下の中心にのみ建設されるものといった考えをみてとることができる。さらに、當時の實力者である司馬道子（東晉孝武帝の同母弟）、謝石（謝安の弟）らが王忱の議に贊同していることを踏まえると、彼の意見は當時の政權内において決して少數に屬するものではなかったとされよう。

ただし、東晉孝武帝期は王朝成立より半世紀を經ているだけに、徐々にではあるが建康を天下の中心と考える人々も存在するようになっていた。(7) 劉宋孝武帝期は右の東晉孝武帝期よりさらに半世紀以上のちである。また、「はじめに」でも述べたように、元嘉二十七年の北伐失敗により、中原恢復は極めて難しくなった。このことは劉宋孝武帝が群臣の反對を押し切って、王朝の弱體を示すものであり屈辱的であるとされた北魏との互市を行ってさえいる點からも窺えるところである（『宋書』巻八五謝莊傳・巻九五索虜傳）。こうした僑民の土着化、中原恢復の可能性の低下を踏まえた際、劉宋孝武帝が「明堂　肇めて建」つとあるごとく、大明五年、初めて明堂を建康に建設したのは、その地を天下の中心とする王畿の設置と連動する施策であったと考えられる。

第二節　五輅の製造

本節では、劉宋孝武帝のとき五輅が製造されたこと、それが前にみた王畿の設置と連動する施策であったことについて述べる。『宋書』巻一八禮志五に、大明三年のこととして、

尚書左丞荀萬秋をして五路を造らしむ。禮圖、玉路、赤旂を建て、蓋無し、と。改めて造り金根に依擬して、赤漆槇畫、玉もて諸末を飾り、青旂十有二旒を建て、玄馬四を駕し、羽葆蓋を施し、以て祀る。卽ち金根を以て金路と爲し、大青旂十有二旒を建て、玄馬四を駕し、羽葆蓋とし、以て賓す。象・革・木路、周官・輿服志・禮圖竝びに其の形段を載せず、竝びに玉路に依擬して、漆槇畫、羽葆蓋とす。(8) 象路、象もて諸末を飾り、赤旂十有二旒を建立し、以て朝を視る。革路、赤旂十有二旒を建て、以て戎に卽く。木路、赤麾を建て、以て田す。象・革玄を駕し、木　赤を駕して、四馬なり。（使尚書左丞荀萬秋造五路。禮圖、玉路、建赤旂、無蓋。改造依擬金根、而赤漆槇畫、

玉飾諸末、建青旂十有二旒、駕玄馬四、施羽葆蓋、以祀。卽以金根爲金路、建大青旂十有二旒、駕玄馬四、羽葆蓋、以賓。象・革・木路、周官・輿服志・禮圖竝不載其形段、竝依擬玉路、漆櫎畫、羽葆蓋。象路、象飾諸末、建立赤旂十有二旒、以視朝。革路、建赤旂十有二旒、以卽戎。木路、建赤麾、以田。象・革駕玄、木駕赤、四馬。）

とあり、劉宋孝武帝のとき五輅が製造されたこと（史料には「五輅」、「五路」と表記されるが、本章では五輅と稱する）、それは「周官・輿服志・禮圖」に依據したものであり、具體的には玉路、金路、象路、革路、木路であったことなどが傳えられている。このときの五輅について、『宋書』巻一八禮志五に、泰始四年（四六八）の建安王休仁による參議を載せて、

大明に逮び、始めて五輅を備ふ。（逮于大明、始備五輅。）

とあり、江南政權において初めて製造されたものであったことが示されている。

また、大明三年の記事に「周官・輿服志・禮圖」に依據したと記されているが、このうち最初にあげられているのが『周禮』であること、『通典』巻六四禮典二四、五輅の條に、西晉武帝による五輅の製造について、

受禪するに及び、玉・金・象・革・木の五輅を設け、竝びに法駕と爲し、旗旒服用、悉く周制を取る。（及受禪、設玉・金・象・革・木五輅、竝爲法駕、旗旒服用、悉取周制。）

とあることなどから、五輅には『周禮』がとくに重要な役割を果たしていたとされよう。こうしたことを踏まえつつ、いま五輅と王畿の關係についてみてみよう。『周禮』巻二七春官宗伯、巾車の條に、五輅について、

王の五路。一に玉路と曰ひ、鍚・樊纓十有再就、太常十有二斿を建て、以て祀る。金路、鉤・樊纓九就、大旂を建て、以て賓し、同姓をば以て封ず。象路、朱・樊纓七就、大赤を建て、以て朝し、異姓をば以て封ず。革路、龍勒・條纓五就、大白を建て、以て戎に卽き、以て四衞を封ず。木路、前樊・鵠纓、大麾を建て、以て田し、以

て蕃國を封ず。（王之五路。一曰玉路、鍚・樊纓十有再就、建太常十有二斿、以祀。金路、鉤・樊纓九就、建大旂、以賓、同姓以封。象路、朱・樊纓七就、建大赤、以朝、異姓以封。革路、龍勒・條纓五就、建大白、以卽戎、以封四衞。木路、前樊・鵠纓、建大麾、以田、以封蕃國。）

とある。ここで注目したいのは、革路の「四衞」、木路の「蕃國」である。鄭玄注に、四衞について、

四衞とは、四方の諸侯の守衞する者にして、蠻服以內なり。（四衞、四方諸侯守衞者、蠻服以內。）

とあり、蕃國について、

蕃國とは、九州の外 夷服・鎭服・蕃服を謂ふなり。（蕃國、謂九州之外夷服・鎭服・蕃服。）

とあって、革路、木路がそれぞれ「蠻服以內」、「夷服・鎭服・蕃服」に對應することが示されている。この「〜服」について、『周禮』巻三三夏官司馬、職方氏の條に、

乃ち九服の邦國を辨ず。方千里をば王畿と曰ひ、其の外方五百里をば侯服と曰ひ、又た其の外方五百里をば甸服と曰ひ、又た其の外方五百里をば男服と曰ひ、又た其の外方五百里をば采服と曰ひ、又た其の外方五百里をば衞服と曰ひ、又た其の外方五百里をば蠻服と曰ひ、又た其の外方五百里をば夷服と曰ひ、又た其の外方五百里をば鎭服と曰ひ、又た其の外方五百里をば藩（蕃）服と曰ふ。（乃辨九服之邦國。方千里曰王畿、其外方五百里曰侯服、又其外方五百里曰甸服、又其外方五百里曰男服、又其外方五百里曰采服、又其外方五百里曰衞服、又其外方五百里曰蠻服、又其外方五百里曰夷服、又其外方五百里曰鎭服、又其外方五百里曰藩服。）

とあり、九服の一部を構成したことが記されている。(9)

九服の中心は王畿であるが、『周禮』においてこれに對應するのは當然、玉路である。孝武帝はこうした『周禮』に依據して五輅を製造したが、かりに建康が王畿でないとすれば、玉路はその地で用いることができなくなるであろう。

そして、これは重要なことであるが、孝武帝が五輅を製造した大明三年に、王畿の設置も行われているのである。とすれば、玉路の使用は建康の地が王畿となって初めて可能となるだけに、両者は互いに連動する施策であったと考えられる。(10)

第三節　南　巡

本節では、劉宋孝武帝が南巡の際、王朝にとって霍山を重要な山と位置づけたことについて述べる。『宋書』巻六孝武帝紀に、大明七年（四六三）二月のこととして、

甲寅、車駕 南豫・南兗二州を巡る。丙辰、詔して曰はく、……霍山 是れ南岳と曰ひ、實に維れ國鎭にして、靈を韞み瑞を呈し、肇めて宋道を光む。……使を遣はして奠祭すべし、と。丁巳、車駕 歴陽の烏江に校獵す。己未、車駕 烏江縣の六合山に登る。（甲寅、車駕巡南豫・南兗二州。丙辰、詔曰、……霍山是曰南岳、實維國鎭、韞靈呈瑞、肇光宋道。……可遣使奠祭。丁巳、車駕校獵于歴陽之烏江。己未、車駕登烏江縣六合山。）

とあり、孝武帝が南豫、南兗の二州に巡行し、使者を派遣して霍山を祭り、歴陽郡烏江縣で校獵し、六合山に登ったことが傳えられている。このときの巡行について、『初學記』巻二五器物部、舟の條に引く「西巡記」に、

宋の孝武 六合に度る。龍舟・翔鳳以下、三千四十五艘。舟航の盛んなること、三代二京 比無し。（宋孝武度六合。龍舟・翔鳳以下、三千四十五艘。舟航之盛、三代二京無比。）

とあり、それが三千四十五艘の舟行であり、「三代二京 比無し」とされるほど大規模なものであったことが傳えられている。右より、孝武帝はこのときの巡行を非常に重視していたことが窺えよう。

かかる巡行において、帝は「霍山是れ南岳と曰ひ、實に維れ國鎭にして、靈を韞み瑞を呈し、肇めて宋道を光む」と詔し、霍山が劉宋王朝にとっての「國鎭」であるとしている。では、この霍山とは一體、如何なる山であったのだろうか。

霍山は廬江郡灊縣にあり、前漢武帝のとき衡山が遠すぎることから、その神が移され南岳とも呼ばれるようになった。(11) 周知のように、衡山は五岳の一つであるだけに、孝武帝がその神を移した霍山を劉宋王朝の「國鎭」としたことは、一見すると何ら問題ないかの如くである。

しかし、『抱朴子』内篇、巻一七登涉に、

或ひと問ひて曰はく、江南山谷の間、諸々の毒惡多し。之を辟くるに道有るか、と。抱朴子答へて曰はく、中州の高原、土氣清和にして、上國の名山、了に此の輩無し。今ま吳・楚の野、暑濕鬱蒸にして、衡・霍の正岳と雖も、猶ほ毒螫多し、と。（或問曰、江南山谷之間、多諸毒惡。辟之有道乎。抱朴子答曰、中州高原、土氣清和、上國名山、了無此輩。今吳・楚之野、暑濕鬱蒸、雖衡・霍正岳、猶多毒螫也。）

とあり、兩晉交替期において、衡山、霍山はともに正岳であるにもかかわらず、「諸々の毒惡」が多い江南の山谷であるため、中原のものよりも低く位置づけられたことが示されている。この位置づけには、當然、先述した洛陽中心の天下觀が影響していたであろう。また、『宋書』巻一七禮志四に、東晉穆帝の升平年間のこととして、

何琦五岳の祠を修むるを論じて曰はく、唐・虞の制、天子五載ごとに一たび巡狩す。時を省て方に之き、五岳に柴燎す。……秦・漢西京に都するに及び、涇・渭の長水、祀典に在らずと雖も、咸陽に近きを以て、故に盡く大川の祠に比するを得。而して正立の祀、以て闕くべけんや。永嘉の亂、神州傾覆してより、茲の事替る。唯だ灊の天柱のみ、王略の內に在れば、舊と臺百石の吏卒を選び、以て其の職を奉ぜしむ。中興の際、未だ官守有

らざるも、廬江郡 常に大吏の兼假を遣はして、四時 禱賽し、春は寒さを釋きて冬は冰を請はしむ。咸和より今まに迄るまで、已に復た墮替す。……今ま元憝 已に殲けば（桓溫の北伐成功を指す）、宜しく舊典を修むべし、と。……省みられず。（何琦論修五岳祠曰、唐・虞之制、天子五載一巡狩。省時之方、柴燎五岳。……及秦・漢都西京、涇・渭長水、雖不在祀典、以近咸陽、故盡得比大川之祠。而正立之祀、可以闕哉。自永嘉之亂、神州傾覆、茲事替矣。唯灊之天柱、在王略之內、舊臺選百石吏卒、以奉其職。中興之際、未有官守、廬江郡常遣大吏兼假、四時禱賽、春釋寒而冬請冰。咸和迄今、已復墮替。……今元憝已殲、宜修舊典。……不見省。）

とあり、何琦が東晉王朝に霍山の祭祀を行うよう請うたが、結局、省みられなかったことが傳えられている。『抱朴子』の事例を踏まえると、右にもやはり洛陽を中心とする天下觀が影響していたとされよう。[12]

東晉末になると、後に劉宋王朝を建てる劉裕の第一次北伐によって、山東地方が江南政權の支配下に入った。この山東地方の正岳が、泰山であることは言うまでもない。霍山は洛陽中心の天下觀からすれば中原の正岳より低く位置づけられていただけに、王朝が自らの正統性を主張せんとすれば、泰山の祭祀すなわち封禪をおこなうであろう。この點について、『宋書』卷一六禮志三に、

宋の太祖 在位長久にして、意 封禪に有り。使を遣はして泰山の舊道を履行せしめ、學士山謙之に詔して封禪の儀注を草せしむ。其の後ち 索虜 南寇し、六州 荒毀たり。其の意 乃ち息む。（宋太祖在位長久、有意封禪。遣使履行泰山舊道、詔學士山謙之草封禪儀注。其後索虜南寇、六州荒毀。其意乃息。）

とあり、孝武帝の父である文帝が泰山の封禪を行おうとしたこと、しかし、このときの封禪は、元嘉二十七年（四五〇）の北伐失敗に伴う北魏太武帝の反撃によって中止されたことなどが傳えられている。文帝の後を受けた孝武帝も、『宋書』卷一六禮志三に、大明元年のこととして、

太宰江夏王義恭 表して曰はく、……宜しく其れ天人の誡に從ひ、先王の則に遵ひ、萬乘を備へ、法駕を整へ、泰山に修封し、玉を岱趾に瘞むべし。……伏して願はくは時に宗伯に命じて、茲の典度を具へしめよ、と。（太宰江夏王義恭表曰、……宜其從天人之誡、遵先王之則、備萬乘、整法駕、修封泰山、瘞玉岱趾。……伏願時命宗伯、具茲典度。）

とあり、江夏王義恭によって封禪をするよう勸められたことが傳えられている。『宋書』巻六一江夏王義恭傳に、

（江夏王義恭）累りに表して封禪を勸む。上（孝武帝）大いに悅ぶ。（累表勸封禪。上大悅。）

とあるように、帝はそれを喜んだが、結局、封禪を行うことはなかった。孝武帝は大明四年にも有司に上奏されたが、このときも封禪を行わなかった（『宋書』巻一六禮志三）。その原因として僑民の土着化、元嘉二十七年の北伐失敗にくわえ、泰山で封禪をおこなう際、北魏がこの地に南下してくるのを懸念したことが考えられよう。

では、こうした狀況の下で、孝武帝が五岳によって正統性を主張せんとすれば、如何なる山の祭祀を行うべきであろうか。この點について參考になるのは、小南一郎氏の見解である。すなわち、小南氏は、

南朝の人々が、五岳の內でも特に霍山の祭祀を重視したのは、淮水以北の地を失なって江左に都を移したあと、實際に祭りが行なえるのは南岳だけであり、それも遠い荊楚の地の南にある衡山でなく、都に比較的近い霍山（天柱山）が南岳だとする（前漢武帝に關する……括弧內筆者加筆）傳承を便利だとしたからであろう。

と述べておられる。(13) 筆者は氏の見解に贊同するものであるが、とすれば孝武帝が五岳により正統性を主張せんとした際、衡山よりふさわしいのはやはり霍山ということになろう。

ただし、この霍山は『抱朴子』にあるように、兩晉交替期において中原のものより低く位置づけられており、穆帝のときには小規模な祭祀さえ行われなかった。それだけに、孝武帝が霍山を劉宋王朝の「國鎭」とした施策は、洛陽中心の天下觀からすれば、王朝の正統性にとってむしろ不利にはたらくことも考えられよう。

この點に關連して、岡崎文夫氏は、梁の代表的士人である沈約について、

> 北支那は從來中原と稱せられ、天下の中心であるとせられたのに、沈約に至つては、明かに之を索虜の土地と認めてゐる。之は南北の對立の充分に熟した梁初の當時にあつて、南朝人の一般の考へ方であらうが、併し傳統的な精神から云へば恐らく非難を蒙るべきであらう。

と述べておられる(14)。中原を胡族が存在する邊境とすれば、自ずから江南こそ中國であり、その中心は都の建康ということになろう。孝武帝が王畿の設置により、建康中心の天下觀を主張したことはすでに述べた。かかる建康中心の天下観からすれば、江南に存在する霍山こそがかえって高く位置づけられよう。従って、孝武帝が南巡の際、霍山を「國鎮」としたことにも、やはり建康における王畿の設置が大きく影響していたと考えられる。

小結

本章では、劉宋孝武帝がおこなった禮制改革について、建康中心の天下観との關連から考察をおこなった。まず明堂に關していえば、東晉期に建設されておらず儀禮のみが行われた。そこには洛陽中心の天下觀が影響していたのであるが、劉宋孝武帝は新たに王畿の設置により建康中心の天下観を主張し、この地に明堂を建設するに至った。

また、五輅は『周禮』によれば九服に對應し、とりわけ玉路は王畿で用いるべしとされていた。洛陽中心の天下観からすれば、この玉路は當然、洛陽で用いるものであり、東南の邊境である建康での使用は不可能であった。孝武帝は大明三年（四五九）、建康に王畿を設置するのであるが、それはこの地で玉路を用いることを可能にするものであった。従って、王畿の設置と五輅の製造は、互いに連動する施策であったと考えられる。

さらに、孝武帝は南巡において、霍山を劉宋王朝の「國鎮」とした。この霍山は衡山の神を移したものであったが、兩晉交替期には江南に存在するため、中原の五岳よりも低く位置づけられていた。しかし、孝武帝は王畿の設置をへて霍山を「國鎮」とし、江南政權の正統性を主張したのである。

さて、右述の禮制改革はすべて王畿の設置と連動するものであるが、孝武帝の次に卽位した前廢帝は『宋書』卷七前廢帝紀に、大明八年のこととして、

王畿の諸郡を以て揚州と爲し、揚州（治所は會稽）を以て東揚州と爲す。（以王畿諸郡爲揚州、以揚州爲東揚州。）

とあり、王畿を揚州としたことが傳えられている。かりに前廢帝が建康中心の天下觀を否定する狙いもあって王畿を揚州としたのであれば、それと連動していた先述の禮制改革も廢止されるであろう。しかし、前廢帝がこうした廢止を行ったとする史料は、管見の及ぶ限り存在しない。しかも、彼は『宋書』卷七前廢帝紀に、永光元年（四六五）八月のこととして、

庚辰、石頭城を以て長樂宮と爲し、東府城をば未央宮と爲す。東揚州を罷めて揚州に幷す。甲申、北邸を以て建章宮と爲し、南第をば長楊宮と爲す。（庚辰、以石頭城爲長樂宮、東府城爲未央宮。罷東揚州幷揚州。甲申、以北邸爲建章宮、南第爲長楊宮。）

とあるように、東揚州を揚州に幷せると同時に、建康を前漢の都である長安に比擬することにより、その中心性を高めてさえいるのである。

翻って考えるに、揚州は東晉以來、都である建康を治所としていただけに、劉宋孝武帝期にはその地を神州とする考えが存在した。大明三年、孝武帝が王畿を設置する際、會稽を治所とする地が揚州（神州）とされたのであるが、とすれば江南に建康、會稽といった形で、天下の中心が二つ存在することになる。『宋書』卷八二沈懷文傳に、大明二年、

王畿の設置が議論された際の沈懐文による議を載せて、

神州（建康を治所とする揚州を指す）の舊壤、歴代 相承け、邊州に異なり。或は罷め 或は置かば、既に物情 説ばず、容に化の本を虧くべし。（神州舊壤、歴代相承、異於邊州。或罷或置、既物情不説、容虧化本。）

とあるのは、この問題を指摘したものである。從って、前廢帝が王畿を揚州としたのは、江南において建康のみを天下の中心とするためであったと考えられる。

この後、前廢帝は明帝のクーデタにより殺害される。明帝がこうした形で即位しただけに、孝武帝および前廢帝期に存在した建康中心の天下觀は否定されたとする向きがあるかもしれない。しかし、明帝は即位の際、晉安王子勛と皇位を爭ったこともあって、山東地方を北魏に奪われた。こうした軍事的劣勢がさらに強まる狀況の下で、南朝が建康中心の天下觀を否定するといったことは考え難い。管見の及ぶ限り、そうした史料も存在しない。とすれば、孝武帝による禮制改革は前廢帝、明帝をへて、その後の梁武帝にいたる南朝の天下觀を決定づける重要な施策であったと考えられる。(15)

註

（1）中村圭爾「南朝國家論」（『岩波講座　世界歴史』第九卷、岩波書店、一九九九年。のち『六朝政治社會史研究』第二編第一三章、汲古書院、二〇一三年所收）參照。

（2）妹尾達彦『長安の都市計畫』一五八頁（講談社、二〇〇一年）參照。

（3）中國王朝の明堂については、張一兵『明堂制度研究』（中華書局、二〇〇五年）參照。

（4）六朝期の五輅、およびそれと緊密に關わる三駕鹵簿については、蘇哲「北魏輅制考――太和五輅を中心に――」（『明大アジア史論集』第五號、一九九九年）、田丸祥幹「魏晉南朝の禮制と三駕鹵簿」（『古代文化』第六四卷第三號、二〇一二年）參照。

（5）『周易』乾に「上九、亢龍 悔有り。（上九、亢龍有悔。）」とあり、正義に「上九 亢陽の至、大にして極盛たり。故に亢龍と曰ふ。（上九亢陽之至、大而極盛。故曰亢龍。）」とある。上九は乾卦のうち、下から數えて六番目の爻が陽であることを意味する。乾卦は九五（下から數えて五番目の陽）を君主のあるべき地位とするだけに、上九は限度を超えた君主の狀態、行動を指す。

（6）『宋書』卷一六禮志三に、泰始六年（四七〇）正月（原文には「五月」とあるが、中華書局點校本の校勘記に從い「正月」とする）乙亥の詔を載せて、「古禮 王者は每歲 郊享し、爰に明堂に及ぶ。晉より以來、間年 一郊にして、明堂 同日たり。（古禮王者每歲郊享、爰及明堂。自晉以來、間年一郊、明堂同日。）」とある。この「晉」について、金子修一氏は東晉のこととしておられる（『中國古代皇帝祭祀の研究』四六～四七頁、岩波書店、二〇〇六年）。筆者は氏の見解に贊同するものであるが、とすれば東晉では二年に一回の割合で明堂の儀禮が行われているので、すでに建康の中心性が主張されていたとする向きもあるかも知れない。確かに東晉後半からは徐々にではあるが、建康を天下の中心と考える者が存在するようになっていた。ただし、王朝が歸北を政治的目標として掲げており、さらに儀禮を假りの場である南郊壇で行っているだけに、當時は未だ明堂により建康の中心性を全面的に主張するといった段階には至っていなかったと考えられる。

（7）拙稿「東晉南朝における天下觀について――王畿、神州の理解をめぐって――」（『六朝學術學會報』第一〇集、二〇〇九年）參照。本書第二編第一章收載。

（8）『通典』卷六四禮典二四、五輅の條によって補う。

（9）『宋書』卷一八禮志五には、九服との對應關係が記されていない。從って、孝武帝の五輅と九服は關係がないとする向きもあろう。しかし、本文でも述べたように、五輅の製造には疑いなく、『周禮』がきわめて重要な役割を果たしている。さらに、『周禮』は儒家の重要な經典であるだけに、六朝の士人であれば五輅と九服との對應は周知のことに屬したであろう。とすれば、孝武帝の五輅は九服と對應するものであったとして大過ないと考えられる。

（10）その場合、九服の地にそれぞれ對應するとされた金路、象路、革路、木路を王畿において用いることができるのかといった疑問が生じるかも知れない。しかし、『周禮』卷二七春官宗伯、巾車の條に、金路について、「以て賓し、同姓をば以て封ず。

（以賓、同姓以封。）」とあり、王が王畿で賓禮を行うとき、および同姓を九服で對應する地へ封じるときに用いることが述べられている。象路、革路、木路についても、それぞれ「以て朝し、異姓をば以て封ず。（以朝、異姓以封。）」、「以て戎に卽き、以て四衛を封ず。（以卽戎、以封四衛。）」、「以て田し、以て蕃國を封ず。（以田、以封蕃國。）」とあり、やはり同様である。

(11) 小南一郎「『漢武帝內傳』の成立（下）」（『東方學報』第五三册、一九八一年。のち『中國の神話と物語り』第四章四～八、岩波書店、一九八四年所收）參照。小南氏の論文については、佐竹保子氏にご敎示いただいた。

(12) もちろん、『宋書』巻一七禮志四の記事にあるように、東晉成立から咸和年間まで王朝が祭祀を行っていただけに、霍山の祭祀と洛陽中心の天下觀は無關係であるとする向きもあるだろう。しかし、祭祀が行われていたときでさえ、それは「百石の吏卒」、「大吏の兼假」によるものであった。從って、劉宋孝武帝が「三代二京 比無し」とされるほど大規模な舟行をおこなって霍山を「國鎭」としたのに比べれば、その重要性は極めて小さなものであったといえよう。そして、その小規模な祭祀でさえ、穆帝のときには省みられることがなかったのである。

(13) 小南氏註（11）論文參照。

(14) 岡崎文夫「梁の沈約と宋書」（『歴史と地理』第三一巻第一號、一九三三年）參照。なお、川合安「沈約『宋書』の華夷意識」（『東北大學東洋史論集』第六輯、一九九五年）に「ただ、（『宋書』……括弧內筆者加筆）本紀と列傳の完成した南齊の永明六年には、索虜傳も書かれていたと考えられるので、「梁初」は「南齊」と改められるべきであろう。」とある。

(15) 近年における南朝の佛敎政策に關する成果として、劉宋孝武帝期については下倉涉「南北朝の帝都と寺院」（『歴史と文化』第四〇號、二〇〇六年）、梁武帝期については河上麻由子『古代アジア世界の對外交渉と佛敎』（山川出版社、二〇一一年）參照。

第三章　東晉南朝における建康の中心化と國家儀禮の整備について

はじめに

本書序章で述べたように、東晉南朝史の研究には貴族制とそれ以外（たとえば蠻）に關するものが存在する。前者の貴族制は東晉南朝とその前の曹魏・西晉といった中原王朝との連續性が强調され、一方、後者の蠻については國家の制度・思想如何といった見地からみるとき部分的とならざるを得ないといった點に問題があることはすでに述べた。かかる問題を克服するためには、東晉南朝において中原恢復を目標とする國家體制が具體的にどのようなものであったのか、それが僑民の土着化とともに如何にして江南に立脚したものへと變容していったのかについて解明する必要がある。このうち中原恢復を目標とする軍事體制とその變化については、僑民の土着化という新視點から第一編においてすでに檢討した。では、第二編の天下觀については、どのように變容していくのであろうか。

本章では、この問題を建康の中心化およびそれと緊密に關わる國家儀禮の整備といった見地から考察してみたい。後述するように、東晉王朝の都である建康は當初、中原を恢復するまでの假住まいとされ、そのような地において國家儀禮を整備すべきでないとする意見が存在した。それが土着化とともにどのように變化したのかを明らかにし得れば、江南に立脚した天下觀の存在如何という問題の解明にもつながるであろう。

本章はこのような問題關心から、建康の中心化と國家儀禮の整備との關連について考察し、以て從來の貴族制・蠻とは異なる視角から東晉南朝史を再構築せんとするものである。

第一節　東晉の建康と國家儀禮の關係

東晉の都が建康であることは言うまでもないが、それは統一王朝である漢・唐の都であった長安、その後における趙宋の開封、元・明・清の大都・京師などとはかなり異なる性格をもつものであった。例えば『世說新語』言語篇に、永嘉五年（三一一）[1]、中原を非漢族に奪われた後、王導が飲宴に參加したときのこととして、

過江の諸人、美日に至る每に、輒ち相ひに新亭に邀へ、卉を藉きて飲宴す。周侯 中坐にして歎じて曰はく、風景殊ならざれども、正に自づから山河の異なる有り、と。皆な相ひ視て淚を流す。唯だ王丞相のみ愀然として色を變じて曰はく、當に共に力を王室に勠せ、神州を克復すべし。何ぞ楚囚と作りて相ひ對するに至らんや、と。（過江諸人、每至美日、輒相邀新亭、藉卉飲宴。周侯中坐而歎曰、風景不殊、正自有山河之異。皆相視流淚。唯王丞相愀然變色曰、當共勠力王室、克復神州。何至作楚囚相對。）

とあり、「神州」すなわち中原[2]の奪回が江南政權の最大の目標であったこと、このまま避難先である建康に留まり續ければ「楚囚」、すなわち春秋時代、晉に囚われて浮虜となった楚の鍾儀のようになってしまうことなどが述べられている。

また『晉書』卷七六王彪之傳に、東晉成立から五十年ほどをへた寧康元年（三七三）のこととして、

（謝）安 更めて宮室を營まんと欲す。彪之 曰はく、中興の初め、東府に卽位し、殊に儉陋を爲す。元・明の二帝も亦た制を改めず。蘇峻の亂、成帝 蘭臺の都坐に止まり、殆ど寒暑を蔽はず。是を以て更營修築するも、之を漢・

魏に方ぶれば、誠に儉狹爲りて、復た陋に至らず、殆ど豐約の中に合ふ。今ま自づから宜しきに隨ひて增益修補すべきのみ。强寇未だ殄きず、正に是れ休兵養士の時、何ぞ大いに功力を興し、百姓を勞擾すべけんや、と。（安欲更營宮室。彪之曰、中興初、卽位東府、殊爲儉陋。元・明二帝亦不改制。蘇峻之亂、成帝止蘭臺都坐、殆不蔽寒暑。是以更營修築、方之漢・魏、誠爲儉狹、復不至陋、殆合豐約之中。今自可隨宜增益修補而已。强寇未殄、正是休兵養士之時、何可大興功力、勞擾百姓邪。）

とあり、當時、尚書令であった王彪之が都である建康の大規模な改築に反對したこと、その理由として中原に强大な胡族政權がなお存在しており、いまは「休兵養士の時」であると述べたことなどが傳えられている。

　このように建康は中原恢復までの假の都と位置づけられていたのであるが、[3]ではそのことはこの地における國家儀禮の整備にどのような影響を及ぼしたのであろうか。從來の研究において、東晉は「異樣なほどに禮制に關心をはらった王朝」であり、このことは「正統王朝を自任する東晉が、その文化的優越性によって正統性を强化しようとする志向性をもっていたことをしめす」とされている。[4]

　しかし、先述したように、東晉では最大の目標である中原恢復を優先し、皇帝の權威を示す宮殿の改築に反對する者が存在した。さらに、中原恢復の目標は、避難民である僑民が兵戶・白籍戶につき江南を軍事的に支配する上で極めて重要な意義をもっていた。[5]とすれば、かかる流寓政權が假の都とされた建康において異樣なほどに禮制に關心をはらうといったことが果たしてあり得るのであろうか。

『晉書』卷一九禮志上に、東晉初めのこととして、

元帝渡江、太興二年始めて郊祀を立つるの儀を議す。尚書令刁協・國子祭酒杜夷議すらく、宜しく洛邑に旋都するを須ちて乃ち之を修むべし、と。（元帝渡江、太興二年始議立郊祀儀。尚書令刁協・國子祭酒杜夷議、宜須旋都洛邑乃

修之。）

とあり、初代皇帝である元帝のとき南郊について議論した際、尙書令刁協および國子祭酒杜夷が假の都である建康でなく、西晉の都である洛陽に建設すべしとしたことが傳えられている。『晉書』の本傳および儒林傳序によれば、刁協、杜夷はともに禮學に詳しい人物であったとされている。つまり、右の史料はそうした彼らが朝議という公の場で建康に南郊を建設すべきでないとした事例なのである。この時代、南郊祭天がもっとも重要な國家儀禮であったことはつとに指摘されているが、その建設でさえ刁協、杜夷のような禮學家から反對する聲があったとすれば、より下位にある儀禮についても同様の状況が存在したであろう。こうした見地からみた際、東晉が中原恢復を目指す限り、建康で國家儀禮を十分に整備することはできなかったと考えられる。

さらに『宋書』巻一六禮志三に、東晉孝武帝の太元十二年（三八七）、明堂の建設について朝議を行ったときのことを載せて、

> 詔して曰はく、……太祖　虛位にして、明堂　未だ建たず。……便ち詳議すべし、と。……吏部郎王忱　議すらく、明堂は天に則り地に象る、儀觀の大なるものなり。宜しく皇居　舊に反るを俟ちて、然る後ち　之を修むべし、と。驃騎將軍會稽王司馬道子・尙書令謝石の意は忱の議に同じ。（詔曰、……太祖虛位、明堂未建。……便可詳議。……吏部郎王忱議、明堂則天象地、儀觀之大。宜俟皇居反舊、然後修之。驃騎將軍會稽王司馬道子・尙書令謝石意同忱議。）

とあり、吏部郎の王忱が洛陽奪回の後、明堂を建てるよう述べたことが傳えられている。當時の重臣であった司馬道子、謝石らも贊成していることから、このときの王忱の意見は政權內において決して少數に屬するものではなかったとされよう。

かつて東晉南朝における貴族制研究の第一人者である川勝義雄氏は中原の先進文化こそが江南貴族制の本質であっ

て、その最盛期は東晉であるとされた。(6) 東晉で異様なほどに禮制に關心がはらわれたとするのは川勝氏のあと貴族制研究をさらに精緻にされた中村圭爾氏であるが、中村氏の見解は中原における先進文化の重視という點で川勝氏の貴族制研究と同樣の方向性をもつと言えるであろう。(7) しかし、先述した中原恢復と國家儀禮の整備との關係如何という問題は、こうした貴族制に重きを置いた研究のみから見るとその實像に迫れないであろう。これに對し、僑民の土着化による國家體制の變容という新視點に注目した際、東晉では中原の恢復こそが最大の目標であったのであり、そのため假の都とされた建康において國家儀禮の整備を行うことは極めて難しかったと考えられるのである。

第二節　南朝の建康と國家儀禮の關係

本節では、僑民の土着化が建康の位置づけ、および國家儀禮の整備に如何なる影響を及ぼしたのかについて見ていきたい。『宋書』巻六孝武帝紀に、東晉に代わった王朝である劉宋の大明三年（四五九）のこととして、

揚州の統ぶる所の六郡を以て王畿と爲し、東揚州を以て揚州と爲す。（以揚州所統六郡爲王畿、以東揚州爲揚州。）

とある。史料中の六郡には東晉以來、都が置かれていた建康が存在した。また、王畿とは天下の中心を示す行政區のことであるが、曹魏・西晉において天下の中心は中原とくに都の存在した洛陽であった。この洛陽を天下の中心とする考えは中原恢復を目指す東晉においても存在しており、それに比べれば建康は東南に位置する邊境に過ぎなかった。こうした建康の位置づけからみた際、孝武帝による王畿の設置はかなり異樣なものであるとされよう。

さらに、『宋書』巻九二良吏傳序に、

晉の世　諸帝、多く內房に處り、朝宴の臨む所、東西二堂なるのみ。孝武末年、淸暑　方めて構ふ。高祖　受命、改

作する所無く、居る所 唯だ西殿と稱するのみにして、嘉名を制せず。太祖 之に因り、亦た合殿の稱有り。世祖承統するに及び、制度 奢廣にして、犬馬 菽粟を餘し、土木 綈繡を衣、前規を追陋し、更めて正光・玉燭・紫極の諸殿を造る。（晉世諸帝、多處內房、朝宴所臨、東西二堂而已。孝武末年、清暑方構。高祖受命、無所改作、所居唯稱西殿、不制嘉名。太祖因之、亦有合殿之稱。及世祖承統、制度奢廣、犬馬餘菽粟、土木衣綈繡、追陋前規、更造正光・玉燭・紫極諸殿。）

とあり、世祖すなわち劉宋孝武帝が建康に正光・玉燭・紫極などの宮殿を造營したことが記されている。

孝武帝の時代は父である文帝の北伐失敗、北魏の華北統一などにより、江南政權が軍事的に劣勢となり中原恢復が極めて難しくなっていた。そのため帝は江南の土着民も軍事に參加する徵兵制を施行するのであるが、このときの王朝における軍事的目標はもはや中原恢復でなく、いかにして北魏から江南を防衛するかであった。さらにそれまで軍事を擔っていた僑民の子孫の中にも、土着化とともに建康を天下の中心と考える者が出てくるようになる。こうしたことを受け、孝武帝は建康に王畿を設置し、その地で大規模な宮殿の造營を行ったものと考えられる。

では、こうした建康の位置づけの變化は、國家儀禮の整備にどのような影響を及ぼしたのであろうか。『宋書』卷二〇樂志二に、劉宋孝武帝の死後、謝莊が帝の功績を讚えて作った世祖孝武帝歌を載せて、

我が皇維を闢き、我が宋宇を締ぶ。四海を刋定し、肇めて神京を構ふ。禮を復し樂を輯め、馬を散じて城を墮とす。（闢我皇維、締我宋宇。刋定四海、肇構神京。復禮輯樂、散馬墮城。）

とあり、假の都である建康に王畿を設置し、その地を「肇めて神京」と位置づけて禮樂を復興したとされている。

このときの禮樂の復興に關しては、『宋書』卷三一、五行志二、恆暘の條に、

孝武帝の大明七年・八年、東の諸郡 大旱ありて、民の飢死する者 十に六七。是より先 江左以來、制度 多く闕く。孝武帝 明堂を立て、五輅を造る。是の時 大いに徒衆を發して、南巡校獵し、盛んに自ら大なるを矜る。故

に旱災を致す。（孝武帝大明七年・八年、東諸郡大旱、民飢死者十六七。先是江左以來、制度多闕。孝武帝立明堂、造五輅。是時大發徒衆、南巡校獵、盛自矜大。故致旱災。）

とあり、孝武帝が東晉に存在しなかった明堂・五輅の製造、盛大な南巡（霍山への巡行）などを行ったことが傳えられている。史料では五行との關連で批判的にとらえられているが、東晉に存在しなかった制度の設立という點からみた際、右は孝武帝が建康を新たな天下の中心とし、國家儀禮を積極的に整備したことを示すものとされよう(8)。

孝武帝より後の時代については、『南齊書』巻九禮志上に、劉宋に代わった南齊の永明二年（四八四）のこととして、

太子歩兵校尉伏曼容 表すらく、禮樂を定めよ、と。是に於いて尚書令王儉に詔して新禮を制定し、治禮樂學士及び職局を立て、舊學四人・新學六人・正書令史各々一人・幹一人を置き、祕書省 能書弟子二人を差はし、因りて前代を集め、五禮の吉・凶・賓・軍・嘉を撰治せしむるなり。（太子歩兵校尉伏曼容表、定禮樂。於是詔尚書令王儉制定新禮、立治禮樂學士及職局、置舊學四人・新學六人・正書令史各一人・幹一人、祕書省差能書弟子二人、因集前代、撰治五禮吉・凶・賓・軍・嘉也。）

とあり、吉・凶・賓・軍・嘉の五禮が撰されたことが傳えられている。また、南齊の後の梁・陳については、『梁書』巻三武帝紀下に、

天監の初め、則ち何佟之・賀瑒・嚴植之・明山賓等 制旨を覆述し、竝びに吉・凶・軍・賓・嘉の五禮を撰し、凡て一千餘巻たり。高祖 稱制して疑を斷ず。是に於いて穆穆恂恂たり、家ごとに禮節を知る。（天監初、則何佟之・賀瑒・嚴植之・明山賓等覆述制旨、竝撰吉・凶・軍・賓・嘉五禮、凡一千餘巻。高祖稱制斷疑。於是穆穆恂恂、家知禮節。）

とあり、『隋書』巻六禮儀志一に、

梁武 始め羣儒に命じ、大典を裁成せしむ。吉禮は則ち明山賓、凶禮は則ち嚴植之、軍禮は則ち陸璉、賓禮は則ち

賀瑒、嘉禮は則ち司馬褧。帝 又た沈約・周捨・徐勉・何佟之等に命じて、咸な參詳に在らしむ。陳武 建業を克平し、多く梁の舊に準り、仍りて尙書左丞江德藻・員外散騎常侍沈洙・博士沈文阿・中書舍人劉師知等に詔し、或いは行事に因りて、隨時 取捨せしむ。（梁武始命羣儒、裁成大典。吉禮則明山賓、凶禮則嚴植之、軍禮則陸璉、賓禮則賀瑒、嘉禮則司馬褧。帝又命沈約・周捨・徐勉・何佟之等、咸在參詳。陳武克平建業、多準梁舊、仍詔尙書左丞江德藻・員外散騎常侍沈洙・博士沈文阿・中書舍人劉師知等、或因行事、隨時取捨。）

とあって、南齊と同様、梁の武帝により五禮が撰され、それが陳にも繼承されたことが傳えられている。(9) 建康における國家儀禮の整備という點からみた際、こうした五禮の存在は先にみた劉宋孝武帝のときの施策を繼承したものと言えるであろう。

なお、『北齊書』巻二四杜弼傳に、梁のとき北方に位置した東魏における高歡の言を載せて、

江東に復た一吳兒の老翁 蕭衍なる者有り、衣冠禮樂を專事し、中原の士大夫 之を望み以て正朔の所在と爲す。（江東復有一吳兒老翁蕭衍者、專事衣冠禮樂、中原士大夫望之以爲正朔所在。）

とあり、建康における國家儀禮の整備により、中原の士大夫が梁という江南の王朝に正統性が存在するとしたことが傳えられている。「一吳兒」の語から窺えるように、このとき高歡は江南を地理的邊境とみなしていた。しかし、彼はそうした地において「衣冠禮樂」が整備され、中原の士大夫が梁を「正朔の所在」としたと述べている。(10) これは僑民の土着化とともに邊境であった江南に立脚した制度・思想を中原の士大夫も認めるに至ったことを示していよう。

第三節　江南政權における郊廟儀禮の實態

從來、學界では東晉における軍事體制が文化に與えた影響についてほとんど注目されることがなく、それ故、東晉が異様なほどに禮制に關心をはらったとする說が行われていた。これに對し、前節では江南政權における國家儀禮の整備が東晉成立から百五十年ほどをへた劉宋孝武帝期に至って本格的に整備されるようになったことを述べた。その原因として僑民の土着化をあげたが、私見が當を得たものであるとすれば隋唐の制度に關する陳寅恪氏の說にも再考の餘地があるように思われる。この點について、本節では國家儀禮の中心をなす南郊、宗廟をとりあげて考えてみたい。

さて、陳氏の說とは東晉南朝の國家儀禮について、中原から避難した士人が西晉の遺産を繼承し、それが戰亂を免れた江南の政權をへて隋唐に還流したというものである(11)。この說は現在の學界において極めて大きな影響力をもっている。

しかし、東晉南朝の國家儀禮において、西晉の遺産がどこまで繼承されたかは疑問とすべきである。たとえば、『晉書』巻一六律暦志上に、

元帝 南遷するに及び、皇度 草昧にして、禮容樂器、地を掃ひて皆な盡く。稍く採掇を加ふと雖も、而も淪胥する所多く、恭・安に終はるまで、竟に備はること能はず。（及元帝南遷、皇度草昧、禮容樂器、掃地皆盡。雖稍加採掇、而多所淪胥、終于恭・安、竟不能備。）

とあり、西晉末の混亂によって東晉初代の元帝のときすでに「禮容樂器」がみな盡きていたこと、その後、王朝末期の安帝、恭帝(12)に至っても未だ禮樂を備えることができなかったことなどが傳えられている。

とくにもっとも重要な國家儀禮である南郊については、『宋書』巻一四禮志一に、

魏及び晉初、儀注 具さには存せずと雖も、損益する所の漢制 知るべきなり。江左以後、官に其の注有り。（魏及

晉初、儀注雖不具存、所損益漢制可知也。江左以後、官有其注。）

とあり、江南政權では曹魏・西晉の儀式次第の詳細が存在しなかったことが記されている。また、『宋書』巻一四禮志一に南郊とならぶ宗廟の大祭である殷祠および四時祭祀について、

魏及び晉初、祭儀 具さには存せずと雖も、江左 則ち備はるなり。官に其の注有り。（魏及晉初、祭儀雖不具存、江左則備矣。官有其注。）

とあり、宗廟についても同樣の狀況が存在したことが傳えられている。

右は禮樂のうち禮に關する記事であるが、後者の樂については、『宋書』巻一九樂志一に、

晉の世（東晉を指す） 曹毗・王珣等も亦た宗廟の哥詩を增造す。然るに郊祀 遂に樂を設けず。（晉世曹毗・王珣等亦增造宗廟哥詩。然郊祀遂不設樂。）

とあり、東晉のとき宗廟の歌詞がつくられたことが記されている。しかし、これは登歌という雅樂を構成する要素の一つに過ぎず[13]、一方の南郊に至っては王朝を通じて雅樂そのものが存在しなかった。

また、國家儀禮の繼承は書物から得られる知識のみでは決して十分といえず、それを再現するための實演・實見といった經驗をへることが不可缺である。しかし、江南政權では僑民の土着化を待って本格的な儀禮整備が行われるだけに、東晉成立から劉宋孝武帝期までの百五十年間においてそうした經驗による繼承は極めて限定的であった。こうした過程で忘却される中原の傳統も少なからず存在したであろう。從って、東晉南朝の郊廟儀禮は陳氏のいう西晉からの繼承よりも、むしろ斷絕の方が大きかったのである。

では、東晉南朝における郊廟儀禮は、具體的にどのような實態を有するものであったのだろうか。たとえば先にみた南郊の史料には「魏及び晉初、儀注 具さには存せずと雖も、損益する所の漢制 知るべきなり」とあり、書物から

得られた知識のみであろうが、漢の制度はわかっていたことが記されている。さらに、目黒杏子氏によれば、『宋書』巻一四禮志一に記される夕牲、進熟・獻、送神、燔柴といった劉宋南郊の儀式次第は、後漢に關する記述とほぼ一致している。[14] とすれば、右は江南政權において南郊の儀式次第が曹魏・西晉から傳わらず、漢制とくに後漢に關する記事をもとに新たにつくられたことを物語っているとされよう。

また、宗廟における殷祠と四時祭祀についても、『宋書』巻一四禮志一に、

　殷祠、皇帝 散齋すること七日にして、致齋すること三日なり。……四時祭祀も、亦た皆な將に祭らんとするに必ず夕牲を先にするに於いて、其の儀 郊の如し。（殷祠、皇帝散齋七日、致齋三日。百官清者亦如之。……四時祭祀、亦皆於將祭必先夕牲、其儀如郊。）

とあり、夕牲について南郊と同様の儀式次第が行われたことが記されている。目黒氏によれば、後漢における南郊の夕牲以下の儀式次第は、宗廟をはじめとする他の儀禮においても行われていた。[15] これらのことをあわせ考えると、おそらく江南政權における宗廟の儀式次第についても、後漢に關する記事の影響が少なからず存在したであろう。

一方、樂については、『宋書』巻一九樂志一に、孝建二年（四五五）における有司の上奏を載せて、

　今ま郊享 樂を闕くは、竊かに以て疑と爲す。……今ま廟祠 登哥は奏すと雖も、而も象舞 未だ陳ねず、備禮を闕くを懼る。（今郊享闕樂、竊以爲疑。……今廟祠登哥雖奏、而象舞未陳、懼闕備禮。）

とあり、劉宋孝武帝期にいたって僑民の土着化に伴い、東晉のとき存在しなかった南郊の雅樂および宗廟の舞樂を整備すべしとする意見が出されたことが傳えられている。しかし、右の上奏を受けた顏竣の議によれば、

　今ま樂曲 淪滅し、知音 世に希なるも、改作の事、臣其の語を聞く。正德・大豫、禮容 具さに存す。宜しく其の徽號を殊にし、飾りて之を用ふべし。（今樂曲淪滅、知音世希、改作之事、臣聞其語。正德・大豫、禮容具存。宜殊其徽號、

飾而用之。)

とあるように、このとき劉宋では「樂曲 淪滅」という狀況であり、「正德・大豫」という宗廟の舞樂が存在するのみであった。結局、朝廷における議の結果、郊廟の雅樂が定められるに至ったが、顏竣の議を踏まえるとそのほとんどが陳寅恪氏の想定されるような西晉の繼承でないことは明らかであろう。

また、孝武帝期の雅樂については、『南齊書』卷四六蕭惠基傳に、

宋大明より以來、聲伎の尙ぶ所、鄭・衞の淫俗多く、雅樂正聲、好き者有ること鮮し。(自宋大明以來、聲伎所尙、多鄭・衞淫俗、雅樂正聲、鮮有好者。)

とあり、この頃からその質が低下したことが傳えられている。同時期に文學の方面で江南の民歌に合わせた作品が盛んに作られるようになったことを踏まえると、(16) このとき郊廟で演奏された雅樂は中原に比べて非傳統的とされる江南に立脚した制度・思想の特徵を濃厚にもっていた蓋然性が高い。

郊廟のほかにも例えば『通典』卷一四一樂典一、歷代沿革上の條に引く裴子野「宋略」に、元徽五年(四七七)に劉宋王朝が大規模な樂團を有していたとする記事に續け、

充庭 廣奏すれば、則ち魚龍靡慢を以て瓌瑋と爲す。會同饗覿すれば、則ち吳趨楚舞を以て妖姸と爲す。(梁裴子野宋略曰、……充庭廣奏、則以魚龍靡慢爲瓌瑋。會同饗覿、則以吳趨楚舞爲妖姸。)

とあり、正月に行われる元會儀禮において江南特有の音樂である「吳趨楚舞」が演奏されたことが傳えられている。

さらに、『南齊書』卷三九劉瓛傳に、南齊における蔡仲熊の言を載せて、

凡そ鍾律 南に在りては、容に復た調平するを得べからず。昔し五音金石、本と中土(中原を指す)に在り。今ま既に南に來り、土氣 偏陂にして、音律 乖爽す。(凡鍾律在南、不容復得調平。昔五音金石、本在中土。今旣來南、土氣偏陂、

晉律乖爽。）

とあり、郊廟の雅樂に用いる「金石」（鍾磬とよばれる樂器）の音程が江南特有のものになったことが述べられている。こうしたことは、孝武帝期の郊廟雅樂が江南に立脚した制度・思想の特徴を濃厚にもっていたとする私見を支えるところがあろう。(17)

以上の考察より、江南政權において國家儀禮の中心をなす郊廟は、曹魏・西晉の繼承よりもむしろ斷絶の方が大きく、その儀式次第は後漢に關する記事をもとに新たにつくられ、雅樂は江南に立脚した制度・思想の特徴を濃厚にもつものであったと考えられる。

小結

以上の考察をまとめると次のようになる。

①東晉では江南を軍事的に支配している僑民によって中原恢復という目標が掲げられ、その達成の後に國家儀禮を整備すべしとされた。

②しかし、中原恢復が極めて難しくなる中で、こうした僑民による軍事體制は變化する。とくに劉宋孝武帝は父である文帝の北伐失敗、北魏の華北統一などにより、建康を洛陽に代わる新たな天下の中心にするという思想のもと國家儀禮の整備を行った。

③そうした江南政權における國家儀禮の中心をなす郊廟は、曹魏・西晉の繼承よりもむしろ斷絶の方が大きく、儀式次第は後漢に關する記事をもとに新たにつくられ、雅樂は江南に立脚した制度・思想の特徴を濃厚にもつもの

であった。これは國家儀禮において、西晉の遺產が東晉南朝をへて隋唐に還流したとする陳寅恪氏の說に修正の必要があることを示している。

本章では劉宋孝武帝期を中心に考察を行ったが、こうした現象が五禮の制定される南齊をへて梁武帝期にいたり具體的に如何なる展開をみせるのかについては、次章で雅樂の問題を取り上げつつ論じたい。

註

（1）紀年は『資治通鑑』卷八七晉紀九、同年の條による。

（2）拙稿「東晉南朝における天下觀について――王畿、神州の理解をめぐって――」（『六朝學術學會報』第一〇集、二〇〇九年）參照。本書第二編第一章收載。

（3）もちろん現實には皇帝の居所の存在や僑民の土着化などによって、徐々にではあるが建康を天下の中心と考える人々も出てきていた。たとえば『晉書』卷五六孫綽傳に、隆和元年（三六二）、洛陽を奪回した桓溫が遷都しようとした際、孫綽がおこなった上疏を載せて、「北風の思ひ 其の素心に感ずと雖も、目前の哀しみ 實に交切爲り。若し都を遷し軫を旋すの日、中興の五陵、即ち復た緬かに遐域と成れば、泰山の安き 既に以て理保し難く、烝烝の思ひ 豈に聖心に纏はらざらんや。……且らく更に一將の威名・資實有る者を遣はし、先に洛陽に鎭し、陵所に於いて二壘を築き以て山陵を奉衞し、梁・許を掃平して、河南を清一せしむべし。運漕の路 既に通じ、然る後ち 力を開墾に盡くし、田を廣め穀を積み、漸く徙る者の資と爲せ。（雖北風之思感其素心、目前之哀實爲交切。若遷都旋軫之日、中興五陵、即復緬成遐域。泰山之安既難以理保、烝烝之思豈不纏於聖心哉。……且可更遣一將有威名・資實者、先鎭洛陽、於陵所築二壘以奉衞山陵、掃平梁・許、清一河南。運漕之路既通、然後盡力於開墾、廣田積穀、漸爲徙者之資。）」とあり、『宋書』卷四六王懿傳に、義熙十三年（四一七）、北伐に成功した劉裕が洛陽に遷都しようとした際、王懿が述べた言を載せて、「非常の事、常人の駭く所なり。今ま暴師 日に久しく、士に歸心有り。固より當に建業を以て王基と爲し、文軌の大同なるを俟ちて、然る後ち 之を議するは可なり。（非常之事、常人所駭。今暴師日久、士有歸心。固當以建業爲王基、俟文軌大同、然後議之可也。」」とあって、孫綽、王懿が洛陽遷都に對し建康の中心化を理由に再考を求めたことが傳えられている。ただし、孫綽は傍線部にあるように、河南への食糧運漕が安定してから徐々に遷都すべきことを述べている。また、王懿も傍線部で東晉による中國再統一の後、遷都について議論すべしとしている。從って、兩者が問題にしているのは遷都自體でなく、そのための準備の有無ということになろう。つまり、當時にあって彼らは建康を天下の中心とする考えをもっていたであろうが、王朝が中原恢復を最大の目標として掲げているだけに、公然と洛陽を斷念して假の都に留まるべしと主張することには未だ難しいところがあったと考えられる。

（4）中村圭爾「南朝國家論」（『岩波講座　世界歴史』第九巻、岩波書店、一九九九年。のち『六朝政治社會史研究』第二編第一三章、汲古書院、二〇一三年所收）參照。なお、中村氏は右の論考において、「南朝で編纂された正史では『宋書』『南齊書』に志があり、そのなかでは禮志・禮儀志の內容がとくに豊富で詳細であるが、その多くは東晉における禮制の議論である。また『通典』禮典には漢唐間の禮制に關する議論が多量に收められているが、そのなかで東晉のそれがことに多い。」とされる。

しかし、實際に史書を見ると、『宋書』、『南齊書』という史料の性格上、その多くが東晉よりもむしろ劉宋、南齊に關するものであることに氣づかされる。また、東晉の禮制に關する議論は主に『宋書』に記載があるが、沈約が詔や上表文をそのまま載せることが多いため、その記述が長くなる傾向がある。さらに、東晉は百年、劉宋は六十年、南齊は二十年ほど續いたが、この中では東晉がもっとも長命の王朝である。とすれば、『宋書』、『南齊書』における分量という點から、東晉の特異性をことさらに强調することには愼重でなければならないと考えられる。

中村氏の指摘にある『通典』禮典については、「東晉」より單に「晉」とある記述の方が多い。もちろんこの「晉」のなかには東晉のことが書かれている事例が皆無というわけではないが、その大半は西晉のものによって占められている。西晉は東晉の半分にあたる五十年ほどしか續いていない。にもかかわらずこうしたことが生じたとすれば、『通典』の記事について「東晉のそれがことに多い」とすることにも一定の再檢討の餘地があるように思われる。

（5）拙稿「劉宋孝武帝の戶籍制度改革について」（『古代文化』第五八巻第三號、二〇〇七年）參照。本書第一編第三章收載。

（6）川勝義雄「東晉貴族制の確立過程」（『東方學報』第五二冊、一九七九年。のち『六朝貴族制社會の研究』第Ⅱ部第四章、岩波書店、一九八二年所收）參照。

（7）中村氏註（4）論文參照。

（8）拙稿「劉宋孝武帝の禮制改革について――建康中心の天下觀との關連からみた――」（『九州大學東洋史論集』第三六號、二〇〇八年）參照。本書第二編第二章收載。

（9）魏晉南北朝時代の五禮については、梁滿倉『魏晉南北朝五禮制度考論』（社會科學文獻、二〇〇九年）參照。

（10）後述するように、東晉における郊廟の儀式次第は後漢に關する記事をもとに新たにつくられたものであり、劉宋孝武帝期の雅樂は江南に立脚した制度・思想の特徴を濃厚にもつものであった。一方、南齊をへて梁になると、『隋書』卷一三音樂志上に武帝のときのこととして、「是の時 禮樂制度、粲然として序有り。（是時禮樂制度、粲然有序。）」とあり、禮樂が非常に整備されたことが傳えられている。この點に關連して、『南齊書』卷九禮志上に、永泰元年（四九八）、東昏侯卽位時の廟見が問題になった際の蕭琛による議を載せて、「宜しく遠く周・漢の盛範を纂ぎ、近く晉・宋の乖義を黜け、誠を一廟に展べ、萬國に駿奔すべし。（宜遠纂周・漢之盛範、近黜晉・宋之乖義、展誠一廟、駿奔萬國。）」とあり、『隋書』卷一三音樂志上に、天監初めに明山賓らが郊廟の雅樂について述べた言を載せて、「周に九夏有り、梁に十二雅有り。此れ竝びに則ち天數にして、一代の曲を爲す。（周有九夏、梁有十二雅。此竝則天數、爲一代之曲。）」とあることなどを踏まえると、南齊から梁武帝期には周への回歸が志向されたといえよう。次章で述べるように、右は孝武帝による改革の內容を否定したのでなく、それを保持、展開しつつ、あたかも周から續く傳統であるかのように新たに位置づけたものと考えられる。

（11）陳寅恪『隋唐制度淵源略論稿』（商務印書館〈重慶〉、一九四〇年。のち『陳寅恪集 隋唐制度淵源略論稿 唐代政治史述論稿』三聯書店、二〇〇一年所收）參照。なお、東晉に西晉の遺產が繼承されたという陳氏の說を受け、中村氏はそうした繼承を「純粹培養」と表現しておられる。中村氏註（4）論文參照。

（12）ここでは『晉書斠注』に「案ずるに、恭・安 當に安・恭に作るべし。（案、恭・安當作安・恭。）」とあり、中華書局點校本の校勘記に「順序を以て言へば、「恭安」宜しく「安恭」に作るべし。（以順序言、「恭安」宜作「安恭」。）」とあるのに從う。

（13）登歌とは祖先の功德を讚える歌であり、宗廟儀禮にとって重要なものであった（『宋書』卷二〇樂志二）。ただし、『宋書』卷二〇樂志二所載の「晉宗廟歌十一篇　傅玄造」によれば、西晉の宗廟にはほかに、夕牲、迎送神、饗神のときの雅樂が存在しており、登歌はそれを構成する要素の一つに過ぎなかった。從って、西晉と比較した際、東晉の宗廟雅樂は未だその完成にほど遠いものであったことになる。

(14) 目黒杏子「後漢郊祀制と『元始故事』」(『九州大學東洋史論集』第三六號、二〇〇八年) 參照。

(15) 目黒氏註 (14) 論文參照。

(16) 佐藤大志「六朝樂府詩の展開と樂府題――東晉樂府斷絕後の樂府文學――」(『日本中國學會報』第四九集、一九九七年。のち『六朝樂府文學史研究』總論第一章、溪水社、二〇〇三年所收) 參照。

(17) なお『資治通鑑』卷一二八宋紀一〇、孝建二年の條に、先にみた劉宋孝武帝期における郊廟雅樂について、「詔して郊廟を祀るに、初めて備樂を設けしむ。(詔祀郊廟、初設備樂。)」とあり、胡注に、「此に謂ふ所の備樂とは、能く雅樂を備ふるに非ずして、魏・晉以來の世俗の樂なるのみ。(此所謂備樂、非能備雅樂、魏・晉以來世俗之樂耳。)」とあって、その實態が俗樂であったことが述べられている。また、增田清秀「清商曲の源流と吳歌西曲の傳唱」(『大阪學藝大學紀要A人文科學』第三號、一九五四年。のち『樂府の歷史的研究』論文篇第六章、創文社、一九七五年所收) および佐藤氏註 (16) 論文で明らかにされているように、當該時期の俗樂は西晉末に中原音樂の大部分が失われたことを受け、その多くが江南特有の音樂によって占められていた。筆者はこうした見解に贊同するものであるが、とすれば孝武帝期の雅樂はやはり江南に立脚した制度・思想の特徵を濃厚にもっていたことになろう。

第四章　東晉南朝における傳統の創造について

——樂曲編成を中心としてみた——

はじめに

西晉末、胡族の侵入によって華北は混亂の極に達した。その結果、大量の漢族が當時はいまだ邊境としての性格をもっていた江南に避難し、建康を都とする東晉王朝が成立した。こうして江南に追いやられた漢族政權にとって最大の目標は胡族に奪われた中原を恢復することであり、その結果、國家儀禮の整備も歸北の後に行うべしとされた。

しかし、そうした狀況は避難民の子孫が土着化し、自らの故鄉を中原でなく江南と考えるようになるにつれ徐々に變化していく。とりわけ東晉に續く劉宋文帝の元嘉二十七年（四五〇）、江南政權が北伐に失敗して中原恢復の可能性が極めて低くなると、右述の體制にも抜本的な改革が求められるようになる。こうしたことを受け、劉宋孝武帝は建康に王畿を設置して國家儀禮の整備にとりかかり、邊境の江南に位置した亡命政權を中國の新たな正統王朝に再生させんとした。(1)そうした孝武帝の改革のうち、本章ではとくに雅樂に焦點をあてて檢討をおこなう。

雅樂に關しては近年、渡邊信一郎氏の大著が刊行されている。(2)渡邊氏の定義によれば、中國古代の樂制のなかで雅樂は王朝による正統性の主張に不可缺であり、祭儀の進行に節度と調和をもたらすとともに、歌辭・舞容によって祭祀がもつ政治的イデオロギーを眼に見え耳に聞こえるかたちで表現するものであった。そうした雅樂の內容は大きく分けて①宮懸・登歌樂と呼ばれる樂器・樂人編成、②宗廟樂・郊祀樂・三朝（元會儀禮）樂などの祭祀に用いる歌曲・舞樂、③音律・音階の制定の三つから構成された。

右の成果を踏まえつつ、いま孝武帝より前における江南政權の雅樂について『宋書』卷一九樂志一の記事に據りながら見ていきたい。まず樂器・樂人は淝水の戰いにおける勝利によって江南へもたらされた。その後、劉宋武帝期に三朝の歌曲・舞樂、文帝期に音律・音階、劉宋孝武帝期に宗廟・南郊の歌曲・舞樂がそれぞれ完成した。後述するように、東晉成立から百五十年ほどをへた劉宋孝武帝期に至って雅樂が完成したのは、中原恢復を掲げていた江南政權が本格的な國家儀禮の整備に踏み切れなかったためである（以下、歌曲・舞樂をあわせて樂曲と稱する）。

國家儀禮の中心に位置する宗廟・南郊の整備は江南に立脚した新たな體制をつくる際、不可缺の施策であるが、『宋書』卷一九樂志一に、孝建二年（四五五）、顏竣が宗廟の樂曲について述べたことを載せて、

今ま樂曲 淪滅して、知音 世に希なるも、改作の事、臣其の語を聞く。正德・大豫、禮容 具さに存す。（今樂曲淪滅、知音世希、改作之事、臣聞其語。正德・大豫、禮容具存。）

とあるように、孝武帝のときその歌曲を知る者は稀になっており、殘っているのは晉の「正德・大豫」と呼ばれる舞樂のみであった。また、このときもっとも重要な國家儀禮である南郊は、極めて限定的な歌曲があるのみで舞樂は存在しなかった。本章で考察するのはこうした宗廟・南郊における歌曲・舞樂の整備についてであるが、その理由は歌曲が「淪滅」しているという狀況の下で孝武帝の行った改革が後の南北朝ひいては隋唐王朝にも影響を與え、それまでの中國にない新たな傳統を確立するに至ったからである。本章はこうした問題關心のもと、劉宋孝武帝期における樂曲改革と中原恢復との關係、および帝の樂曲改革が南北朝、隋唐に與えた影響について考察し、以て江南で創造された傳統の實態を追究せんとするものである。

第一節　劉宋孝武帝期における樂曲改革と中原恢復との關係

まず劉宋の前の東晉における宗廟・南郊の樂曲について見ておこう。『宋書』巻一九樂志一に、孝武帝のときのこととして、

晉の世（東晉を指す）曹毗・王珣等も亦た宗廟の哥詩を增造す。然るに郊祀 遂に樂を設けず。（晉世曹毗・王珣等亦增造宗廟哥詩。然郊祀遂不設樂。）

とあり、曹毗、王珣らが宗廟の歌詩を増造したことが傳えられている。ほかに東晉では「はじめに」で紹介した正德・大豫と呼ばれる舞樂も存在した。ただし、これは東晉の樂曲が完成していたことを示すものではない。『宋書』巻二〇樂志二によれば、このとき曹毗、王珣らがつくったのは登歌と呼ばれる音樂である。登歌とは祖先の功德を讃える歌のことであり、宗廟儀禮にとって重要なものであった。しかし、これは樂曲においてそれを構成する要素の一つに過ぎない。たとえば『漢書』巻二二禮樂志に、前漢高祖のときのこととして、

叔孫通 秦の樂人に因りて宗廟の樂を制す。大祝 神を廟門に迎ふるに、嘉至を奏す、猶ほ古の降神の樂のごときなり。皇帝 廟門に入るに、永至を奏し、以て行步の節と爲す、猶ほ古の采薺・肆夏のごときなり。乾豆 上らるに、登歌を奏し、獨り歌を上るのみにして、筦弦を以て人聲を亂さず、位に在る者 徧く之を聞かんと欲す、猶ほ古の清廟の歌のごときなり。登歌 再終し、下るに休成の樂を奏す、神明 既に饗くるを美ぶなり。皇帝 酒に東廂に就き、坐 定まるに、永安の樂を奏す、禮 已に成るを美ぶなり。（叔孫通因秦樂人制宗廟樂。大祝迎神于廟門、奏嘉至、猶古降神之樂也。皇帝入廟門、奏永至、以爲行步之節、猶古采薺・肆夏也。乾豆上、奏登歌、獨上歌、不以筦弦亂人聲、

欲在位者徧聞之、猶古淸廟之歌也。登歌再終、下奏休成之樂、美神明既饗也。皇帝就酒東廂、坐定、奏永安之樂、美禮已成也。）

とあり、叔孫通が宗廟儀禮の各パートにおいて如何なる歌曲を演奏するのかを定めたことが傳えられている。史料には供物をそなえる乾豆上のときの登歌以外に、祖先の魂よびをする迎神、皇帝が廟門にはいる皇帝入廟門、祖先を饗應する饗神、儀式の成功をいわう皇帝就酒東廂などの各パートにおいて、嘉至、永至、休成、永安という歌曲が演奏されたことが記されている。このほか前漢では武德・昭德などの舞樂も存在した(3)。宗廟儀禮では登歌以外に、こうした嘉至以下の樂曲が不可缺となる。さらに、南郊についてはもっとも重要な國家儀禮であるにもかかわらず、先に掲げた『宋書』樂志一に「郊祀　遂に樂を設けず」とあるように樂曲が存在しなかった。從って、東晉における宗廟・郊祀の樂曲は前者に登歌、舞樂が存在したとはいえ、未だその完成にほど遠いものであったのである。

こうした宗廟・南郊における樂曲が完成をみたのは、『宋書』卷一九樂志一に、孝建二年（四五五）のこととして、

南郊を祠り神を迎ふるに、肆夏を奏す。皇帝　初め登壇するに、登哥を奏す。初獻するに、凱容・宣烈の舞を奏す。神を送るに、肆夏を奏す。廟を祠り神を迎ふるに、肆夏を奏す。皇帝　廟門に入るに、永至を奏す。皇帝　東壁に詣るに、登哥を奏す。初獻するに、凱容・宣烈の舞を奏す。終獻するに、永安を奏す。神を送るに肆夏を奏す。（祠南郊迎神、奏肆夏。皇帝初登壇、奏登哥。初獻、奏凱容・宣烈之舞。送神、奏肆夏。祠廟迎神、奏肆夏。皇帝入廟門、奏永至。皇帝詣東壁、奏登哥。初獻、奏凱容・宣烈之舞。終獻、奏永安。送神奏肆夏。）

とあるような劉宋孝武帝期であった。史料には南郊・宗廟儀禮の各パートで登歌のほかに肆夏、宗廟のみで永至・永安といった歌曲を演奏するよう定めたことが記されている。『宋書』卷一九樂志一によれば、史料中の凱容・宣烈と呼ばれる舞樂は晉の正德・大豫を改稱したものであった。晉王朝では初代皇帝である武帝のとき、すでに宗廟・南郊の各パートで用いる歌曲・舞樂が定められている（『宋書』卷一九樂志一・卷二〇樂志二および『南齊書』卷一一樂志）。では、

なぜ江南政權では東晉成立から百五十年ほどをへた劉宋孝武帝期に至って、兩儀禮の樂曲が完成したのであろうか。いまこの點について中原恢復との關連から見ていきたい。

『宋書』卷一四禮志一に、建武元年（三一七）の戴邈による上表を載せて、

今ま或ひと以らく、天下 未だ壹ならず、禮學を興すの時に非ず、と。此の言是に似るも非なり。夫れ儒道 深奧、倉卒にして成るべからず。古の俊乂、必ず三年にして一經に通ず。寇賊 清夷し、天下 平泰なるを須つに比び、然る後ち 之を修むれば、則ち功成り事定まるも、誰か與に禮を制し樂を作る者あらんや。（今或以、天下未壹、非興禮學之時。此言似是而非。夫儒道深奧、不可倉卒而成。古之俊乂、必三年而通一經。比須寇賊清夷、天下平泰、然後修之、則功成事定、誰與制禮作樂者哉。）

とあり、當時、中原恢復を果たすまでは禮學を復興すべきでないという意見が存在したこと、これに戴邈が反對したことなどが述べられている。その際、彼が「禮を制し樂を作る」としていることから、史料中の「禮學」は禮だけでなく樂も含むものであったことがわかる。

『宋書』卷一四禮志一に、その後の成帝のとき荊州刺史であった庾亮の敎を載せて、

胡夷 交侵してより、殆ど三十年たり。……季路 稱すらく大國の間に攝して、之に加ふるに師旅を以てし、之に因るに饑饉を以てせんに、之を爲むること三年にして、猶ほ其の義方を行はしめんと欲するなり、と。況んや今ま江表 晏然にして、王道 隆盛たり。而るに禮樂を弘敷し、庠序を敦明する能はず、其れ何を以て彝倫を訓へ遠人を來らしめんや。（自胡夷交侵、殆三十年矣。……季路稱攝乎大國之間、加之以師旅、因之以饑饉、爲之三年、猶欲行其義方。況今江表晏然、王道隆盛。而不能弘敷禮樂、敦明庠序、其何以訓彝倫而來遠人乎。）

とあり、胡族の侵入から三十年がたち「江表 晏然」となった今こそ禮樂の宣揚を行うべしとしたことが傳えられてい

る。『晉書』巻六六劉弘傳に、八王の亂のときのこととして、

時に總章の太樂伶人、亂を避けて多く荊州に至る。（時總章太樂伶人、避亂多至荊州。）

とあり、『晉書』巻四三山簡傳に、永嘉の亂のときのこととして、

時に樂府の伶人　難を避けて、多く沔漢に奔る。（時樂府伶人避難、多奔沔漢。）

とあって、西晉の混亂に際し、荊州には多くの樂人が避難してきたことが傳えられている。こうした狀況のもと、『宋書』巻一九樂志一に、

庾亮　荊州と爲り、謝尙と共に朝廷の爲に雅樂を修む。（庾亮爲荊州、與謝尙共爲朝廷修雅樂。）

とあるように、庾亮は荊州刺史となったとき、謝尙とともに雅樂の修定を行ったと考えられる。しかし、史料には續けて、

亮　尋いで薨じ、庾翼・桓溫　軍旅を專事し、樂器　庫に在るも、遂に朽壞するに至る。（亮尋薨、庾翼、桓溫專事軍旅、樂器在庫、遂至朽壞焉。）

とあり、彼の死後、荊州刺史となった庾翼、桓溫が「軍旅」に專念したため、樂器が「朽壞」するに至ったことが傳えられている。桓溫については言うまでもないが、庾翼も列傳によれば皇帝の命令である詔に違反してまで北伐を敢行しようとした人物であることから、史料中の「軍旅」とは主に中原恢復に關する軍事行動を意味すると考えられる。とすれば、これは兩者が北伐に專念したために雅樂の整備が忘却された事例とされよう。

『宋書』巻一四禮志一に、その後の太元九年[4]（三八四）における謝石の上陳を載せて、

今ま皇威　遐く震ひ、戎車　方に靜かにして、將に玄風を四區に灑ぎ、斯民を至德に導かんとす。豈に禮樂を弘敷し、煥乎として觀るべからしめざるべけんや。（今皇威遐震、戎車方靜、將灑玄風於四區、導斯民於至德。豈可不弘敷禮樂、

使煥乎可觀。）

とあり、先にみた庾亮の事例と同樣、江南が「戎車 方に靜か」となった今こそ禮樂を宣揚すべしとしたことが述べられている。この上陳がなされる前年には有名な淝水の戰いがあったが、『宋書』巻一九樂志一に、

太元中、苻堅を破り、又た樂工楊蜀等、舊樂に閑練するものを獲。是に於いて四箱金石 始めて備はるなり。（太元中、破苻堅、又獲樂工楊蜀等、閑練舊樂。於是四箱金石始備焉。）

とあり、この戰いの勝利によって東晉が樂工である楊蜀らを得たこと、その結果、雅樂に用いる四箱樂が備わったことなどが傳えられている。謝石の上陳はこうした狀況のもとで行われたのである。

しかし、このことは國家儀禮における雅樂の完成に直結するものとはならなかった。たとえば『宋書』巻一六禮志三に、太元十二年に明堂の建設について朝議を行ったときのことを載せて、

吏部郎王忱 議すらく、明堂は天に則り地に象る、儀觀の大なるものなり。宜しく皇居 舊に反るを俟ちて、然る後ち 之を修むべし、と。驃騎將軍會稽王司馬道子・尙書令謝石の意は忱の議に同じ。（吏部郎王忱議、明堂則天象地、儀觀之大。宜俟皇居反舊、然後修之。驃騎將軍會稽王司馬道子・尙書令謝石意同忱議。）

とあり、謝石による上陳の三年後、吏部郎の王忱が西晉の都である洛陽を奪回してからこれを建設すべしとしたことが記されている。彼の意見に孝武帝の弟である司馬道子、謝安の弟である謝石といった重臣たちも贊成している點から、當時、中原恢復の前に國家儀禮を整備すべきでないとする者は政權內において決して少數でなかったことが窺える。また、『宋書』巻一四禮志一に、太元十七年[5]の李遼による上表を載せて、

中華 湮沒、闕里 荒毀してより、先王の澤寢み、聖賢の風絕つ。此より今まに迄るまで、將に百年に及ばんとす。造化に靈有り、否終はるに泰を以てし、河・濟 夷徙し、海・岱 淸通し、黎庶 蘇を蒙り、鳧藻 奮化す。而るに

典訓 敷かず、雅・頌 寂蔑にして、久凋の俗、大弊 未だ改まらず。（自中華湮沒、闕里荒毀、先王之澤寢、聖賢之風絕。自此迄今、將及百年。造化有靈、否終以泰、河・濟夷徙、海・岱淸通、黎庶蒙蘇、鳧藻奮化。而典訓弗敷、雅・頌寂蔑、久凋之俗、大弊未改。）

とあり、西晉末の混亂から百年が經とうとしているのに未だ「雅・頌 寂蔑」であったことが述べられている。この「雅・頌」とは『詩經』の中の分類でそれぞれ朝廷の音樂、宗廟の樂歌のことを意味するが、それが「寂蔑」であったという右の記事は當時、雅樂が置かれていた狀況の一端を示すものであろう。

かかる江南政權の中原恢復に大きな變化が見られるのが、先述した劉宋孝武帝期であった。彼の治世には父である文帝の北伐失敗により、江南政權が軍事的に劣勢となり中原恢復が極めて難しくなってしまう。こうしたことを受け、孝武帝は徵兵制、民爵制度の復活といった軍事改革だけでなく、假の都であるはずの建康に王畿を設置し、明堂の建設、五輅の製造などの禮制改革をおこなうに至った。(6)

王畿とは天下の中心を示す地域のことである。こうした天下の中心とされている地域と國家儀禮との關係について、例えば『三國志』巻四七吳主傳、嘉禾元年（二三二）十月の條の注に引く「江表傳」に、

是の冬、羣臣（孫）權未だ郊祀せざるを以て、奏議して曰はく、この頃 嘉瑞は屢々臻り、遠國 義を慕ひ、天意人事、前後 備集す。宜しく郊祀を脩め、以て天意を承くべし、と。權曰はく、郊祀 當に土中に於いてすべし。今ま其の所に非ず、何くに於いて此れを施さんや、と。（是冬、羣臣以權未郊祀、奏議曰、頃者嘉瑞屢臻、遠國慕義、天意人事、前後備集。宜脩郊祀、以承天意。權曰、郊祀當於土中。今非其所、於何施此。）

とあり、東晉南朝と同じ地に都をおいた吳の孫權が南郊祭天の擧行を勸められたにもかかわらず、これに反對し「郊祀 當に土中に於いてすべし。今ま其の所に非ず」と述べたことが傳えられている。彼は建業が「土中」でないとした

のであるが、この「土中」とは洛陽を中心とする中原地域のことを指している。このように「江表傳」の記事からは、吳のとき天下の中心でなければもっとも重要な國家儀禮である南郊でさえ行うべきでないとする考えが存在したことが窺えるのである。『太平御覽』巻三三九兵部七〇、牙の條に引く「晉袁宏祭牙文」に、その後、東晉中期の桓溫による北伐の際、袁宏がつくった祭牙文を載せて、

> 赫赫たる晉德、乃ち武 乃ち文。中世 競はず、王度 暫く屯し、戎狄 夏を滑し、生民を虔劉す。蠢爾たる東胡、被髮左衽なるも、我が皇澤を思ひ、稽首せる海裔、爵を受け貢を納れ、服膺すること累世たり。後嗣 不恭にして、實に叛き實に戻り、我が神畿を侵し、我が嘉惠を隔て、彼の黎民を哀しませ、此の彫殘に嬰かる。（赫赫晉德、乃武乃文。中世不競、王度暫屯、戎狄滑夏、虔劉生民。蠢爾東胡、被髮左衽、思我皇澤、稽首海裔、受爵納貢、服膺累世。後嗣不恭、實叛實戻、侵我神畿、隔我嘉惠、哀彼黎民、嬰此彫殘。）

とあるように、王朝が最大の目標として中原恢復を掲げていたため、孫權と同樣、中原のことを「神畿」すなわち天下の中心と表現している。このように洛陽を中心とする中原地域を「神畿」としその恢復を目指す以上、そこから見れば邊境にあたる建康の地で國家儀禮を整備することは皆無でないにしても決して容易ではなかったと考えられる。

一方、劉宋孝武帝については、『宋書』巻二〇樂志二所載の謝莊による世祖孝武帝歌に、

> 我が皇維を闢き、我が宋宇を締ぶ。四海を刋定し、肇めて神京を構ふ。禮を復し樂を輯め、馬を散じて城を墮とす。（闢我皇維、締我宋宇。刋定四海、肇構神京。復禮輯樂、散馬墮城。）

とあり、假の都である建康に王畿を設置しその地を「肇めて神京」と位置づけ禮樂を復興したとされている。この禮樂の復興については、例えば東晉孝武帝期に洛陽ですべしとされた明堂の建設のほか五輅の製造なども存在するが、宗廟・南郊における樂曲改革もこうした「神京」の出現と連動した改革の一つであったと考えられる。

もちろん、そうであるからといって劉宋孝武帝より前に國家儀禮が全く整備されなかったというわけではない。現實には當時、皇帝の居所の存在や僑民の土着化などによって、徐々にではあるが建康を天下の中心と考える人々が出てきていた。(7) 樂器については例えば先にみた庾亮、東晉孝武帝のほかに、黃鍾箱笛などの調律をおこない南郊の登歌をも作成した劉宋文帝の事例が存在する。(8) しかし、それにもかかわらず劉宋孝武帝期まで肆夏以下を備えた宗廟・南郊の樂曲が完成するに至らなかった原因は、やはり王朝が中原恢復を最大の目標として掲げ、建康がそれを果たすまでの行宮の地とされていたことにあったと考えられる。

では、劉宋孝武帝期に至って完成した宗廟・南郊の樂曲は如何なる特徵をもち、そのことは後の南北朝ひいては中國を再統一した隋唐王朝にどのような影響を與えたのであろうか。次にこの點について見ていきたい。

第二節　劉宋孝武帝による樂曲改革が南北朝、隋唐に與えた影響

まず論の展開の都合上、帝の樂曲改革の特徵が、宗廟・南郊という異なる儀禮の間で同じ樂曲を演奏する點にあったことを確認しておきたい。

『漢書』卷二二禮樂志には、練時日一、帝臨二、青陽三、朱明四、西顥五、玄冥六、惟泰元七、天地八、日出入九、天馬十、天門十一、景星十二、齊房十三、后皇十四、華爗爗十五、五神十六、朝隴首十七、象載瑜十八、赤蛟十九からなる前漢郊祀の歌曲が記されている。これは全部で十九章であったが、後漢では『續漢書』志七祭祀志上に、郊祀における歌曲について、

凡そ樂　青陽・朱明・西皓・玄冥を奏す。（凡樂奏青陽・朱明・西皓・玄冥。）

とあるように、そのうち三から六、すなわち青陽・朱明・西皓・玄冥が演奏されたことが傳えられている。(9) これを前節に掲げた前漢宗廟の嘉至以下と比較すると、兩儀禮における樂曲の相違は明らかであろう。

曹魏の郊祀については、『南齊書』巻一一樂志に、

南郊の樂舞歌辭、二漢 同に用ふ。前漢志に見はる。五郊 互ひに之を奏す。魏の歌舞 見はれず、疑ふらくは是れ漢の辭を用ふるなり。(南郊樂舞歌辭、二漢同用。見前漢志。五郊互奏之。魏歌舞不見、疑是用漢辭也。)

とあり、漢の樂舞歌辭が用いられた可能性が指摘されている。右の記事に續けて、

晉武帝の泰始二年、郊祀・明堂、詔して禮 周室の肇めて殷祀を稱ぐるの義を遵用し、魏儀を權用す。後ち傅玄をして祠天地五郊の夕牲歌詩一篇・迎神歌一篇を造らしむ。(晉武帝泰始二年、郊祀・明堂、詔禮遵用周室肇稱殷祀之義、權用魏儀。後使傅玄造祠天地五郊夕牲歌詩一篇・迎神歌一篇。)

とあるように、西晉も泰始二年（二六六）においてこの魏儀にならったが、その後、傅玄が曹魏歌曲の歌詩のみを改めたことが傳えられている。右の記事に從えば、漢と同樣、曹魏・西晉においても郊祀と宗廟の樂曲は異なっていたとされよう。

では、同じことは劉宋孝武帝期においても見られたのであろうか。『宋書』巻一九樂志一に、孝建二年（四五五）における建平王宏の議を載せて、

郊祀の樂、復た別名無く、仍りて宗廟に同じくするのみ。(郊祀之樂、無復別名、仍同宗廟而已。)

とあり、先にみた漢・曹魏・西晉の事例と異なり、このとき南郊の樂曲を宗廟と同樣にすべしとしたことが傳えられている。彼の意見は兄の帝によって認められ、劉宋では後文に、

南郊を祠り 神を迎ふるに、肆夏を奏す。皇帝 初め登壇するに、登哥を奏す。初獻するに、凱容・宣烈の舞を奏

す。神を送るに、肆夏を奏す。（祠南郊迎神、奏肆夏。皇帝初登壇、奏登哥。初獻、奏凱容・宣烈之舞。送神、奏肆夏。）

とあるように、南郊で迎送神、皇帝初登壇、初獻を行うとき、登歌にくわえ宗廟にも用いられた肆夏と呼ばれる歌曲、凱容・宣烈という舞樂を演奏することとなった。つまり、劉宋孝武帝のとき、それまでの中國王朝の傳統とは異なり、宗廟・南郊という異なる儀禮の間で同じ樂曲が演奏されるようになったのである。

その後、北郊・明堂でも同じ樂曲が用いられ、南齊に至ると宗廟・南北郊・明堂の樂曲が左に掲げた編成表のようになった（出典は『南齊書』巻一一樂志）。

南齊の樂曲編成表

	宗廟	南郊	北郊	明堂
群臣出入	肅咸	肅咸	肅咸	肅咸
牲出入	引牲	引牲	引牲	引牲
薦豆呈毛血	嘉薦	嘉薦	嘉薦	嘉薦
迎神	＊昭夏	＊昭夏	＊昭夏	＊昭夏
皇帝入門	◎永至	◎永至	◎永至	／
飲福酒	永祚	嘉胙	嘉胙	嘉胙
送神	＊肆夏	＊昭夏	＊昭夏	＊昭夏
〈固有祭事〉	／	昭遠（就燎位）	隷幽（瘞埋）	／

還便殿	◎休成	◎休成	◎休成	
舞樂	凱容・宣烈	宣烈	凱容	凱容・宣烈

表から宗廟・南郊の樂曲が北郊・明堂にも影響を與え、これらの儀禮が同様の樂曲編成をもつようになったことが見てとれるが、これは南朝特有の現象である。このうち肆夏・昭夏といった＊を附した歌曲名は、『周禮』卷二四春官宗伯、鍾師の條に、

凡そ樂事、鍾鼓を以て九夏を奏す。王夏・肆夏・昭夏・納夏・章夏・齊夏・族夏・祴夏・驁夏なり。（凡樂事、以鍾鼓奏九夏。王夏・肆夏・昭夏・納夏・章夏・齊夏・族夏・祴夏・驁夏。）

とあるので、『周禮』の九夏と呼ばれる歌曲に含まれていたことが窺える。また前節に掲げた『漢書』禮樂志に「皇帝廟門に入るに、永至を奏し、……下るに休成の樂を奏す」とあるように、表において◎のある歌曲は前漢の叔孫通に由來するものである。このように南齊の歌曲名は『周禮』の九夏、前漢の叔孫通に由來するもの、及びその他といった三種類から構成されていた。

次の梁武帝の治世になると、『隋書』卷一三音樂志上に、天監四年（五〇五）における明山賓らの言を載せて、

周に九夏有り、梁に十二雅有り。（周有九夏、梁有十二雅。）

とあるように、歌曲に『周禮』の「夏」という字と同様、「雅」という字が用いられたことが傳えられている。これは宗廟・南北郊・明堂で用いる歌曲名を全て「雅」の字で統一したものであった。[10] いまそれを表にすると左のようになる。

梁の樂曲編成表

	宗廟	南郊	北郊	明堂
群臣出入	俊雅	俊雅	俊雅	俊雅
牲出入	滌雅	滌雅	滌雅	滌雅
薦豆呈毛血	牷雅	牷雅	牷雅	牷雅
降迎神	諴雅	諴雅	諴雅	諴雅
皇帝入門	皇雅	皇雅	皇雅	
飲福酒	獻雅	獻雅	獻雅	獻雅
送神	諴雅	諴雅	諴雅	諴雅
〈固有祭事〉		禋雅（就燎位）	禋雅（瘞埋）	
舞樂	大壯・大觀	大壯・大觀	大壯・大觀	大壯・大觀

表には十二のうち七しかないが、梁ではこのほか三朝すなわち元會儀禮において大壯・大觀の舞樂のみでなく、胤雅、寅雅、介雅、需雅、雍雅など「雅」の字のついた五の歌曲が用いられた。これらを合わせたのが梁の十二「雅」であり、周にならって宗廟・南北郊・明堂・元會といったそれぞれ別個の儀禮で用いる歌曲名の字を統一したことがその特徴であった。

右述の劉宋孝武帝から梁武帝に至る樂曲編成の過程は、陳寅恪氏の淵源論に修正の必要があることを示している。

すなわち陳氏の淵源論によれば、東晉南朝の國家儀禮は曹魏・西晉の傳統を繼承したものとされる。[11]しかし、『晉書』卷一六律曆志上に、

元帝　南遷するに及び、皇度　草昧にして、禮容樂器、地を掃ひて皆な盡く。稍く採掇を加ふと雖も、而も淪胥する所多く、恭・安に終はるまで、竟に備はること能はず。（及元帝南遷、皇度草昧、禮容樂器、掃地皆盡。雖稍加採掇、而多所淪胥、終于恭・安、竟不能備。）

とあるように、東晉では西晉末の混亂によってそうした傳統はほとんど失われており、中原恢復の後に國家儀禮を整備すべしという意見もあって、王朝末期の安帝・恭帝に至るまで禮樂制度を備えることができなかった。こうして傳統の繼承が斷絕したことにより、孝武帝期の國家儀禮はたとえば宗廟・南郊で同じ樂曲を演奏するといったように、それまでにない獨自の特徵をもつようになるが、この點は北朝との正統をめぐるイデオロギー對立の中で非中國的とされる可能性があった。從って、後の南朝では孝武帝による改革の內容を保持、展開しつつ、そうした江南特有の制度・思想を如何にして中國的傳統と合致しているかのように見せるかが課題となったのである。天監改革で有名な梁武帝の治世においては國家儀禮が『周禮』にもとづいてしばしば改められたり（『隋書』禮儀志）、『周禮』に詳しいという理由で沈峻が五經博士に拔擢されたりしているが（『梁書』卷四八沈峻傳）、これらはそうした孝武帝より後の課題を周への回歸を標榜することによって克服せんとした施策であり、周の九夏にならった十二雅も同樣であったと考えられる。

その後、『隋書』卷一三音樂志上に、普通中のこととして、

薦蔬の後ち、諸々の雅歌を改め、蕭子雲に勅して詞を製らしむ。既に牲牢無く、遂に滌雅・牷雅を省くと云ふ。（薦蔬之後、改諸雅歌、勅蕭子雲製詞。既無牲牢、遂省滌雅・牷雅云。）

とあり、十二雅のうち犧牲に關わる滌雅、牷雅が省かれ十雅になったことが傳えられている。樂曲編成が國家儀禮に與える影響という見地からみた際、このことは後の隋唐にも關わる重要な點を含んでいる。いまその點について見てみよう。

滌雅、牷雅が省かれた原因としてまず想起されるのは、崇佛皇帝である梁武帝が天監十六年（五一七）に宗廟の犧牲を廢止したことであろう。ただし、先に掲げた梁の樂曲編成表を踏まえた際、南北郊・明堂でも同様の樂曲が用いられていたため、滌雅、牷雅を省くためにはこの三儀禮においても犧牲を廢止したことが想定される。

『南史』巻六武帝紀上に、天監十六年のこととして、

天地・宗廟を祈告するに、去殺の理を以て、之れを含識に被はんと欲す。郊廟の牲牷、皆な代ふるに麪を以てす。其れ山川諸祀は則ち否らず。（祈告天地宗廟、以去殺之理、欲被之含識。郊廟牲牷、皆代以麪。其山川諸祀則否。）

とあり、宗廟と同時に南北郊でも佛敎の不殺生戒によって犧牲の廢止が行われたことが傳えられている。また明堂については『隋書』巻六禮儀志一に、天監十年のこととして、

（朱异）又た曰はく、……請ふらくは今まより明堂の肴膳二郊に準へよ。……水土の品・蔬果の屬の若きは、猶ほ宜しく以て薦むるに、止だ梨棗橘栗四種の果・薑蒲葵韭四種の葅・粳稻黍粱四種の米のみを用ふべし。此より以外、郊に無き所の者、請ふらくは竝びに省除に從へ、と。……帝竝びに之に從ふ。（又曰、……請自今明堂肴膳準二郊。……若水土之品・蔬果之屬、猶宜以薦、止用梨棗橘栗四種之果・薑蒲葵韭四種之葅・粳稻黍粱四種之米。自此以外、郊所無者、請竝從省除。……帝竝從之。）

とあり、このとき供物のうち「水土の品・蔬果の屬」以外、南北郊に存在しないものは全て省くよう定めたことが記されている。從って、南北郊における犧牲廢止にともない明堂でも同様の施策が行われたであろう。

その一方で、先にみた『南史』に「其れ山川の諸祀は則ち否らず」とあり、山川の儀禮においては犠牲が廢止されなかったことが傳えられている。この山川儀禮の樂曲編成は宗廟と異なるものであった。とすれば、南北郊・明堂における犠牲廢止は、これらの儀禮が宗廟と同様の樂曲編成を用いていたこともあって行われたとされよう。

このように劉宋孝武帝期における樂曲編成の特徴は、その後、梁武帝期にいたり新たな中國的傳統として再生した。一口に國家儀禮といっても、例えば宗廟は祖先を祭る儀禮、南北郊・明堂は天地に關わる儀禮、元會は君臣關係を中心として異民族にまでその支配が及んでいることを表徴する儀禮といった區別が存在する。梁武帝の十二「雅」は犠牲廢止の事例にも見られるように、樂曲編成を通じてこれらの國家儀禮を互いに關連づける役割を果たしたものと考えられる。

こうした樂曲編成を通じた國家儀禮の關連づけといったことは、後の王朝にも影響を及ぼしている。たとえば梁の後に江南に成立した陳については、『隋書』巻一三音樂志上に、太建五年（五七三）のこととして、

天嘉中　用ふる所の齊樂を改め、盡く韶を以て名と爲す。（改天嘉中所用齊樂、盡以韶爲名。）

とあり、天嘉中に南齊と同様の樂曲を用いていたが、太建五年にその樂名を「韶」の字で統一するよう改めたことが傳えられている。この「天嘉中　用ふる所の齊樂」とは『隋書』巻一三音樂志上に、天嘉元年（五六〇）のこととして、

文帝　始めて圓丘・明堂及び宗廟の樂を定む。都官尚書到仲擧　權奏すらく、衆官　入出するに、皆な肅成を奏す。牲　入出するに、引犠を奏す。毛血を上るに、嘉薦を奏す。神を迎送するに、昭夏を奏す。皇帝　入壇するに、永至を奏す。皇帝　陛を升るに、登歌を奏す。皇帝　初獻及び太尉　亞獻・光祿勳　終獻するに、竝びに宣烈を奏す。皇帝　福酒を飲むに、嘉胙を奏す。燎位に就くに、昭遠を奏す。便殿に還るに、休成を奏す。（文帝始定圓丘・明堂及宗廟樂。都官尚書到仲擧權奏、衆官入出、皆奏肅成。牲入出、奏引犠。上毛血、奏嘉薦。迎送神、奏昭夏。皇帝入壇、奏永至。

皇帝升陛、奏登歌。皇帝初獻及太尉亞獻・光祿勳終獻、竝奏宣烈。皇帝飲福酒、奏嘉胙。就燎位、奏昭遠。還便殿、奏休成。）

とある記事に見られるように、圜丘・明堂・宗廟で同様の樂曲を演奏するものであった。宣帝は梁と同様、その歌曲名にすべて「韶」の字がつくよう改めたのである。

江南から目を轉じて華北の王朝、たとえば北齊について見てみると、『隋書』卷一四音樂志中に、北齊武成帝のときのこととして、

始めて四郊・宗廟・三朝の樂を定む。羣臣 入出するに、肆夏を奏す。牲 入出して、毛血を薦むるに、竝びに昭夏を奏す。神を迎送し及び皇帝 初獻して、五方上帝に禮するに、竝びに高明の樂を奏し、覆壽の舞を爲す。皇帝壇門に入り及び壇に升り福酒を飲み、燎位に就き、便殿に還るに、竝びに皇夏を奏す。（始定四郊・宗廟・三朝之樂。羣臣入出、奏肆夏。牲入出、薦毛血、竝奏昭夏。迎送神及皇帝初獻、禮五方上帝、竝奏高明之樂、爲覆壽之舞。皇帝入壇門及升壇飲福酒、就燎位、還便殿、竝奏皇夏。）

とあるように、武成帝のとき高明を除いて宗廟・三朝（元會儀禮）の歌曲名に「夏」という字を用いるよう定められた。史料中に「燎位に就」くとあることから窺えるように、このとき郊祀の歌曲についても同様の施策が行われている。

北周については、『隋書』卷一四音樂志中に、武帝の建德二年（五七三）のこととして、

朝會 則ち皇帝 出入するに、皇夏を奏す。皇太子 出入するに、肆夏を奏す。王公 出入するに、驁夏を奏す。五等諸侯 正日に玉帛を獻るに、納夏を奏す。族人を宴するに、族夏を奏す。大會 至尊は爵を執るに、登歌十八曲を奏す。食擧、深夏を奏し、六代の大夏・大護・大武・正德・武德・山雲の舞を舞ふ。是に於いて雅音を正定し、郊廟の樂を爲る。（朝會則皇帝出入、奏皇夏。皇太子出入、奏肆夏。王公出入、奏驁夏。五等諸侯正日獻玉帛、奏納夏。宴族人、奏族夏。大會至尊執爵、奏登歌十八曲。食擧、奏深夏、舞六代大夏・大護・大武・正德・武德・山雲之舞。於是正定雅音、

> 爲郊廟樂。）

とあるように、朝會の歌曲名に「夏」の字を用いることが定められている。『隋書』巻一四音樂志中によれば、このとき郊廟でも撤奠で演奏する雍樂を除けば、昭夏、皇夏といった「夏」の字を用いた歌曲が演奏された。

管見の及ぶ限り、北魏の歌曲名に梁のような同一の文字が附されたとする記事は存在しない。[12] とすれば、これは梁の影響を受けて行われたものと考えられる。

中國を再統一した隋については、『舊唐書』巻二八音樂志一に、開皇九年（五八九）のこととして、

> 平陳、始めて江左の舊工及び四懸樂器を獲。帝 廷をして之れを奏せしめ、歎じて曰はく、此れ華夏の正聲なり。吾が此の擧に非ざれば、世何ぞ聞くを得んや、と。乃ち五音を調へ 五夏・二舞・登歌・房中等の十四調を爲り、賓・祭 之れを用ふ。（平陳、始獲江左舊工及四懸樂器。帝令廷奏之、歎曰、此華夏正聲也。非吾此擧、世何得聞。乃調五音爲五夏・二舞・登歌・房中等十四調、賓・祭用之。）

とあり、平陳後に五夏、二舞をつくったことが傳えられている。五「夏」とは北齊、北周で用いられた肆夏、昭夏、皇夏に新たに誠夏、需夏を加えた歌曲、二舞とは武舞、文舞と呼ばれる舞樂のことである。『隋書』巻一五音樂志下によれば、隋は五夏、二舞を宗廟・南北郊の儀禮で演奏した。[13] また史料中に「賓」とあることからも窺えるように、「夏」の字がつく歌曲は元會儀禮においても用いられている。

このように北齊、北周、隋では宗廟・南北郊・元會といった重要な國家儀禮において、『周禮』と同じ「夏」の字のつく歌曲が用いられた。これは梁と陳がそれぞれ「雅」、「韶」といった異なる字を用いたことと相違している。華北における『周禮』の受容についてはすでに五胡十六國時代にその萌芽が見られ、[14] 北魏孝文帝期になると均田制、三長制に見られるように國策決定の根本とされるまでに至るという長い歴史がある。とすれば、北朝後期における「夏」

の字の使用は、こうした五胡十六國、孝文帝期をへた『周禮』の影響もあって行われたものと考えられる。

續く唐においては、『舊唐書』卷二八音樂志一に、貞觀二年（六二八）のこととして、

（祖）孝孫又た奏すらく、陳・梁の舊樂、吳・楚の音を雜用す。周・齊の舊樂、多く胡戎の伎に涉はる、と。是に於いて南北を斟酌し、考ふるに古音を以てし、大唐の雅樂を作爲る。（孝孫又奏、陳・梁舊樂、雜用吳・楚之音。周・齊舊樂、多涉胡戎之伎。於是斟酌南北、考以古音、作爲大唐雅樂。）

とあり、祖孝孫が大唐の雅樂を作ったことが傳えられている。また『新唐書』卷二一禮樂志一一に、

高宗より以後、稍く其の曲名を更む。開元定禮、始めて復た孝孫の十二和を遵用す。（自高宗以後、稍更其曲名。開元定禮、始復遵用孝孫十二和。）

とあり、彼のつくった歌曲が十二「和」と呼ばれるものであったこと、それが開元年間に遵用されたことなどが傳えられている。[15] いま十二和を『舊唐書』音樂志の記事によってまとめると唐の樂曲編成表のようになる。

唐の樂曲編成表

	宗廟	南郊	北郊	明堂[16]
降迎神	永和	豫和	順和	
皇帝行	太和	太和	太和	太和
登歌酌鬯（奠玉帛）	肅和	肅和	肅和	肅和

迎俎入	雍和	雍和	雍和	雍和
酌獻飲福	壽和	壽和	壽和	壽和
送文舞出 迎武舞入	舒和	舒和	舒和	舒和
徹俎	雍和	／	／	／
送神	永和	豫和	順和	豫和
舞樂	凱安[17]	凱安	凱安	凱安

表には八の歌曲名が見られるが、これに元會儀禮に關わる休和、正和[18]、承和、昭和を合わせたものが唐の十二和とよばれる樂曲編成であった。『舊五代史』巻一四五樂志下には、廣順元年（九五一）の邊蔚による上疏を載せて、

梁武帝　九夏を改め十二雅を爲り、以て陽律・陰呂・十二管旋宮の義に協はす。祖孝孫　改めて十二和を爲る。（梁武帝改九夏爲十二雅、以協陽律・陰呂・十二管旋宮之義。祖孝孫改爲十二和。）

とあり、それを梁の十二「雅」にならったものとしている。

こうした樂曲編成を通じた國家儀禮の關連づけについて考える際、參考になるのが渡邊信一郎氏の見解である。渡邊氏は、

雅樂の本質は、皇帝・天子が直接統治する天下領域をこえて、異民族をもその德治に包攝し、ひいては自然の運動と天地宇宙の秩序にまで擴大せんとするものであり、帝國的構造を具有するものである。

としておられる[19]。皇帝、異民族、天地に關わる儀禮たとえば宗廟・元會・南北郊はそれぞれ別個の儀禮であるが、南北朝後期および隋唐の諸王朝はそれを十二「雅」、「和」という形で互いに關連づけ、それによって江南特有の樂曲編成を新たな中國的傳統ひいては帝國的構造として確立させたものと考えられる。

小　結

本章では中原恢復が極めて難しくなったことを受け、劉宋孝武帝が宗廟・南郊の樂曲改革に踏み切ったこと、それは異なる儀禮間で同じ樂曲を演奏するという從來の中國王朝にない特徴をもっていたこと、この特徴は周にならった梁武帝期の十二雅をへて唐に至る過程で中國王朝の新たな傳統として確立するに至ったことなどを明らかにした。

陳寅恪氏の淵源論によれば、東晉南朝の國家儀禮は曹魏・西晉の傳統を繼承したとされる。こうした見方は後の研究者にも大きな影響を與え、東晉南朝における貴族制研究の第一人者である川勝義雄氏はかつて中原の先進文化こそが江南貴族制の本質であってその最盛期は東晉であるとされた[20]。東晉で異様なほどに禮制に關心がはらわれたとするのは川勝氏のあと貴族制研究をさらに精緻にされた中村圭爾氏であるが[21]、中村氏の見解は中原における先進文化の重視という點で川勝氏の貴族制研究と同様の方向性をもつと言えよう。確かにそうした點が全くなかったわけではないが、そのような見方を强調すると、江南の特殊性が「邊境」という形で否定的にとらえられ、その制度・思想などを積極的に評價する姿勢が生まれにくくなるであろう。

これに對し、筆者は西晉末の混亂および中原恢復のための軍事體制により、東晉が先進文化の表徴である國家儀禮を整備するのは極めて難しかったこと、東晉成立から百五十年ほどをへて整備された劉宋孝武帝期の國家儀禮は多くの中原文化が喪失、忘却されていたため江南の特殊性を體現したものになったこと、梁武帝はそれをあたかも中國的傳統と合致しているかのように改め、新たな帝國的構造として打ちたてたことなどを明らかにした。江南特有の制度・思想が南朝ひいては唐に與えた影響の更なる追究は今後の課題である。

註

（1）「劉宋孝武帝の禮制改革について——建康中心の天下觀との關連からみた——」（『九州大學東洋史論集』第三六號、二〇〇八年）參照。本書第二編第二章收載。

（2）渡邊信一郎『中國古代の樂制と國家——日本雅樂の源流——』（文理閣、二〇一三年）參照。

（3）漢における宗廟の樂曲については、渡邊氏「前漢時代の宗廟と樂制——『安世房中歌』十七章と承天のイデオロギー——」（渡邊義浩編『兩漢儒教の新研究』第二部二、汲古書院、二〇〇八年。のち同氏註（2）著書第一部第三章所收）參照。

（4）殿版では太元「元年」に作るが、中華書局點校本の校勘記に従い「九年」とする。

（5）紀年は『資治通鑑』巻一〇八晉紀三〇、同年の條による。

（6）註（1）拙稿および拙稿「劉宋孝武帝の戶籍制度改革について」（『古代文化』第五八巻第三號、二〇〇七年）參照。後者は本書第一編第三章收載。

（7）拙稿「東晉南朝における天下觀について——王畿、神州の理解をめぐって——」（『六朝學術學會報』第一〇集、二〇〇九年）參照。本書第二編第一章收載。

（8）劉宋文帝の事例は『宋書』巻一一律曆志上・巻一九樂志一にみえる。

（9）前漢における郊祀の十九章については、渡邊氏「前漢『郊祀歌』十九章の祭祀空間と政治空間」（河村貞枝『國境をこえる「公共性」の比較史的研究』第Ⅰ部、平成十四年度〜平成十七年度科學研究費補助金基盤研究B（2）研究成果報告書、二〇〇六年。のち同氏註（2）著書第一部第二章所收）參照。後漢の郊祀については、目黑杏子「後漢郊祀制と『元始故事』」（『九州大學東洋史論集』第三六號、二〇〇八年）參照。なお、渡邊氏の論文については岡部毅史氏にご教示いただいた。

(10)『隋書』卷一三音樂志上に、「雅」の字は「詩の序を取りて云はく、天下の事を言ひ、四方の風を形す。之を雅と謂ふ。雅とは、正なり。（取詩序云、言天下之事、形四方之風。謂之雅。雅者、正也。）」とあるのに因んで採用されたことが傳えられている。

(11) 陳寅恪『隋唐制度淵源略論稿』（商務印書館〈重慶〉、一九四〇年。のち『陳寅恪集　隋唐制度淵源略論稿　唐代政治史述論稿』三聯書店、二〇〇一年所收）參照。

(12) なお、梁の十二「雅」の成立から三十年ほどへた後、北魏でも大成樂が制定されている。しかし、大成樂については殘念ながら『魏書』卷一〇九樂志に、儀禮のどの部分に如何なる音樂を演奏したのかという記述が存在しない。從って、その歌曲名にすべて「成」の字がついていたのかについては斷言できないのであるが、かりにそうであるとすれば、梁の樂曲編成は北魏をへて北齊に影響を與えた可能性がある。

(13) なお、明堂については『隋書』卷六禮儀志一に、「後齊 周官考工記を採りて五室を爲り、周 漢の三輔黃圖を採りて九室を爲る。各々其の制を存するも、而も竟に立たず。（後齊採周官考工記爲五室、周採漢三輔黃圖爲九室。各存其制、而竟不立。）」とあり、北齊、北周でついに建てられなかったことが傳えられている。隋については、『隋書』卷六禮儀志一に「隋代を終ふるまで、五方上帝を祀るに、止だ明堂に於いて、恆に季秋を以て雩壇の上に在りて祀るのみ。（終隋代、祀五方上帝、止於明堂、恆以季秋在雩壇上而祀。）」とあり、五方上帝を明堂に代わり雩壇で祭ったことが傳えられている。『隋書』卷一五音樂志下によれば、そこでも「夏」の字を附した歌曲を演奏することが記されている。

(14) 川本芳昭「五胡十六國・北朝史における周禮の受容をめぐって」（『佐賀大學敎養部研究紀要』第二三卷、一九九一年。のち『魏晉南北朝時代の民族問題』第三篇第二章、汲古書院、一九九八年所收）參照。

(15) この「和」は、祖孝孫によれば『禮記』樂記に、「大樂と天地と和を同じくす。（大樂與天地同和。）」とある音樂と天地の和合作用を述べた記事にちなむものであった。なお、『大唐開元禮』卷四皇帝冬至祀圜丘には、奠玉帛の條に豫和・太和・肅和、進熟の條に雍和・壽和・舒和・豫和、鑾駕還宮の條に太和の歌曲名がみられる。『大唐開元禮』卷一〇皇帝季秋大享於明堂によれば、明堂のときに演奏される音樂は圜丘と同じである。『大唐開元禮』巻二九皇帝夏至祭方丘では、豫和が順和である以外、圜丘と同じ歌曲を演奏することが記されている。『大唐開元禮』巻三七皇帝時享於太廟には、晨祼の條に永和・太和・肅和、饋食の條に雍和・壽和・舒和・永和、鑾駕還宮の條に太和の歌曲名がみられる。

(16)『通典』巻四四禮典四、大享明堂の條明堂制度附に、「大唐武徳の初め、令を定む。毎歳季秋、五方上帝を明堂に祀り、元帝を以て配し、五人帝・五官 竝びに從祀す、と。貞觀の末に迄るまで、竟に未だ明堂を立つるを議せず、季秋大享 則ち圜丘に於いて事を行ふ。(大唐武徳初、定令。毎歳季秋、祀五方上帝於明堂、以元帝配、五人帝・五官竝從祀。迄於貞觀之末、竟未議立明堂、季秋大享則於圜丘行事。)」とあり、唐初に明堂が建てられなかったこと、そのため圜丘で儀禮を行ったことが傳えられている。この點は註(1)拙稿で論じた東晉でも同じである。

(17)『新唐書』巻二一禮樂志一一によれば、祖孝孫は隋の文舞を改めて治康(のち高宗の諱を避けて化康)にしたとされるが、具體的な使用例は見受けられない。

(18)『舊唐書』巻二八の原文に「政和」とあるが、いま中華書局點校本の校勘記に從い「正和」とする。

(19)渡邊氏註(2)著書三七頁參照。

(20)川勝義雄「東晉貴族制の確立過程」(『東方學報』第五二冊、一九七九年。のち『六朝貴族制社會の研究』第Ⅱ部第四章、岩波書店、一九八二年所收)參照。

(21)中村圭爾「南朝國家論」(『岩波講座　世界歴史』第九巻、岩波書店、一九九九年。のち『六朝政治社會史研究』第二編第一三章、汲古書院、二〇一三年所收)參照。

終章

本書において解明したのは、中原王朝の傳統が西晉末の混亂をうけた僑民を中心とする軍事體制によってほとんど喪失、忘却され、東晉成立から百五十年をへた劉宋孝武帝期にそれまでにない江南特有の制度・思想が成立したこと、それは梁武帝期の改革をへて隋唐に至る過程で中國王朝の新たな傳統として確立したことである。本書ではそれを從來の研究において取り上げられることのなかった、しかも相互に緊密に關連する軍事體制・天下観の變容、及びその背後にある僑民の土着化という視角から追究した。

各編、各章の考察で明らかになった諸點は以下の如くである。

第一編「東晉南朝の軍事體制」では、東晉後半から劉宋孝武帝期に至る過程で、江南政權の軍事體制が僑民を中心とする體制から、江南に立脚した體制へ變化する點について解明した。

第一章「魏晉南朝の民爵賜與について」においては、軍事體制の變化を考察するにあたり、徴兵制と密接な關係をもつ民爵について檢討した。民爵とは庶民に與えられる爵位のことで、彼らの軍事參加と深く關わっている。從來、民爵は三國以降、ときおりにしか賜與されなくなり、その效力も空に歸したとされていた。確かに魏晉において、民爵はときおりにしか賜與されていない。しかし、南朝の史書をみると、劉宋孝武帝以降、民爵は數多く賜與されており、その頻度は漢よりも高いのである。その背景には後漢末に成立し南朝初まで存續した兵戸制の衰退と對北朝戰による財政難が存在した。そうしたことを受け、江南政權は庶民の軍功褒賞として民爵を復活し、籍田儀禮との關連づけにより田租徴收の正統性をもアピールしたのである。

第二章「東晉、宋初の「五等爵」について――民爵との關連を中心としてみた――」では、第一章でみた虛封の爵位による新たな軍事動員が、東晉後半以降の如何なる過程をへて行われるようになったのかについて解明せんとした。その解明に資するため東晉後半以降、新たな兵力が徐々に必要とされるようになったなか、その對策の一つとして行われた「五等爵」に注目した。「五等爵」とは、劉裕が桓玄討伐に成功したころから劉宋初めにおいて賜與された虛封の爵位であり、有封の五等開國爵(公侯伯子男)の下位にあった。從って、五等開國爵とは相違するものである。「五等爵」の存在は、淝水の戰いの前後まで北府兵士の主體が兵戶・白籍戶であったことを踏まえるとき、重い意味をもってくる。北府の兵力、すなわち兵戶・白籍戶はそれまで主に華北の僑民からなっていた。これに對し、「五等爵」の受爵者には、京口に移住した僑民のみならず江南出身者が存在した。つまり、このころから劉裕による新たな兵源確保という狀況の下で、それまでの僑民のみならず江南出身者も軍事に關わり始めたことになるのである。一方、徵兵と民爵はすべての庶民男子に及ぶ廣範なものであるだけに、政治、社會に及ぼす影響が極めて大きい。東晉末の劉裕は、その權力が未だ强大でなかったが故に「五等爵」を賜與した。その孫の劉宋孝武帝は帝權强化の一環として、徵兵制の施行、民爵の復活をおこなっている。兩者のもつ權力の相違は兵士數の差異を生じたが、これが「五等爵」から民爵への移行を促した原因の一つであったと考えられる。

第三章「劉宋孝武帝の戶籍制度改革について」では、第一章、第二章の檢討結果を踏まえ、孝武帝の行った徵兵制と民爵の復活との關連について、さらに戶籍制度の面から追究し、考察の結果、大明五年ごろ兵戶・白籍戶に代わり黃籍戶が恆常的に兵役に徵發されるようになったこと、このときの戶籍制度改革は民爵の復活と連動する施策であったことを述べた。右は戶籍制度という點からみた際、劉宋孝武帝のとき僑民が兵戶・白籍戶につき東晉政權の軍事を擔うという體制が變化したことを意味する。この點に大過ないとすれば、戸籍制度改革は、流寓政權であった東晉が孝武帝のときに至る過程において、僑民に依存した體制から江南に立脚した體制へ變化していくという點で畫期的な意義をもつものであったということができるであろう。

第四章「東晉南朝の建康における華林園について――「詔獄」を中心としてみた――」では、右述の僑民に依存した體制から江南に立脚した體制への變質について、東晉南朝の都である建康の華林園を通じ檢討した。その結果、劉宋・南齊の華林園が皇帝による敕命刑獄すなわち「詔獄」によって大臣をはじめとする士人層を牽制し、帝權に從わせる場として用いられたこと、こうした「詔獄」は劉宋孝武帝期から臺頭する制局監ら親衞軍の存在を背景に帝權を安定させる狙いもあって行われたことが明らかになった。一方、東晉後半から劉宋孝武帝期にかけて、僑民にくわえ新たに江南の土着民も軍事に動員する體制が構築されたが、かかる兵制の變化に抵抗し大獄の對象および獄囚となる者が增加した。劉宋・南齊はそうした新たな軍事動員に抵抗した罪人の再審判に相應しい場として、まず親衞軍の存在する華林園を、のちに軍禮・軍事關係の施設である閱武堂・中堂をも用いるようになったと考えられる。

皇帝がその權力の安定、擴大を目指すことは中國史上、どのような時代においても見られる現象である。しかし、中原恢復に代わる國家の結集點を模索していた江南政權では、とりわけその安定、擴大が求められていた。こうした事柄は、新たな軍事動員およびそれと緊密に關わる華林園の再審判が、中原恢復に代わる國家の結集點を軍事を中核とした帝權强化に求める改革であったことを物語っていると考えられる。

第二編「東晉南朝の天下觀」では、中原恢復の可能性が低下していくなかで、江南政權において建康を中心とする新たな天下觀が形成されたことについて追究した。

第一章「東晉南朝の天下観について――王畿、神州の理解をめぐって――」では、天下の中心を示す語である王畿、神州の語に注目し、江南政權における天下觀の變化について解明した。その結果、東晉前期では天下の中心を洛陽とする考えをもつ者が多かったが、その一方、東晉後期から劉宋孝武帝期に至る過程で、天下の中心を建康とする考えをもつ者が多くなることが明らかとなった。その後の元嘉二十七年、劉宋文帝は北伐に失敗し、南朝は北朝に對し軍事的に劣勢となる。このことは中原恢復の可能性が極めて低くなったことを意味した。こうしたことを受け、政權上層部の中には中原恢復を斷念し、江南に立脚した新たな天下觀をもつべしとする者が出てくるようになる。右を踏まえ、劉宋孝武帝は明確な政策的意圖を以て、建康とその周邊地域に「王畿」という行政區を設置するに至ったと考えられる。

第二章「劉宋孝武帝の禮制改革について――建康中心の天下觀との關連からみた――」では、こうした建康中心の天下觀の形成について、國家儀禮とくに明堂の建設、五輅の製造、霍山の國鎭化といった施策を通じ検討した。まず明堂に關していえば、東晉期に建設されておらず儀禮のみが行われた。そこには洛陽中心の天下觀が影響していたのであるが、劉宋孝武帝は新たに建康中心の天下觀を主張し、この地に明堂を建設するに至った。また、五輅は『周禮』によれば九服に對應し、とりわけ玉路は王畿で用いるべしとされていた。洛陽中心の天下觀からすれば、この玉路は當然、洛陽で用いるものであり、東南の邊境である建康での使用は不可能であった。孝武帝は大明三年（四五九）、建康に王畿を設置するのであるが、それはこの地で玉路を用いることを可能にするものであった。さらに、孝武帝は南巡において、霍山を劉宋王朝の「國鎭」とした。この霍山は衡山の神を移したものであったが、兩晉交替期には江南に存在するため、中原の五岳よりも低く位置づけられていた。しかし、孝武帝は王畿の設置により、霍山を「國鎭」とし、江南政權の正統性を主張した。つまり、國家儀禮に關わる右の諸施策は、孝武帝による王畿の設置と連動したものであったのである。

第三章「東晉南朝における建康の中心化と國家儀禮の整備について」では、かかる國家儀禮の整備について、僑民の意識の變化がどのように關わっていたのか、西晉の滅亡を受けて江南政權で整備された儀禮の實態が如何なるものであったのかについて論じた。東晉では江南を軍事的に支配している僑民によって中原恢復という目標が掲げられ、その達成の後に國家儀禮を整備すべしとされた。しかし、中原恢復が極めて難しくなる中でこうした僑民による軍事體制は變化する。とくに劉宋孝武帝は父である文帝の北伐失敗、北魏の華北統一などにより、建康を洛陽に代わる新たな天下の中心にするという思想のもと國家儀禮の整備を行った。そうした江南政權における國家儀禮の中心をなす郊廟は、曹魏・西晉の繼承よりもむしろ斷絶の方が大きく、儀式次第は後漢に關する記事をもとに新たにつくられ、雅樂は江南に立脚した制度・思想の特徴を濃厚にもつものであった。これは國家儀禮において、西晉の遺產が東晉南朝をへて隋唐に還流したとする陳寅恪氏の說に修正の必要があることを示している。

第四章「東晉南朝における傳統の創造について――樂曲編成を中心としてみた――」では、中原恢復が極めて難しくなったことを受け、劉宋孝武帝が宗廟・南郊の樂曲改革に踏み切ったこと、それは異なる儀禮間で同じ樂曲を演奏するという從來の中國王朝にない特徴をもっていたこと、この特徴は周にならった梁武帝期の十二雅をへて唐に至る過程で中國王朝の新たな傳統として確立するに至ったことなどを明らかにした。

陳氏の淵源論によれば、東晉南朝の國家儀禮は曹魏・西晉の傳統を繼承したとされ、こうした見方は今日に至るまで後の研究者に大きな影響を與えている。確かにそうした點が全くなかったわけではないが、しかし、そのような見方を强調すると、江南の特殊性が「邊境」という形で否定的にとらえられ、その制度・思想などを積極的に評價する姿勢が生まれにくくなるであろう。これに對し、筆者は西晉末の混亂および中原恢復のための軍事體制により、東晉が先進文化の表徵である國家儀禮を整備するのは極めて難しかったこと、東晉成立から百五十年ほどをへて整備された劉宋孝武帝期の國家儀禮は多くの中原文化が喪失、忘却されていたため江南の特殊性を體現したものになったこと、梁武帝はそれをあたかも中國的傳統と合致しているかのように改め、新たな帝國的構造として打ちたてたことなどを解明した。

一方、本書を終えるにあたり、さらに解明すべき多くの問題もまた同時に浮かび上がってきたことを確認しておきたい。その中でもとくに江南で創造された傳統文化が、どのようにしてあたかも中國的傳統と合致しているかのごとく改變され、繼承されていったのかといった問題をめぐっては、ここで取り上げた考察が十分なものとはいえず、いまだ一側面からの檢討にとどまっている。ひきつづき江南特有の制度・思想が、後に中國を再統一する隋唐に與えた影響如何といったことの更なる追究が求められよう。それにより江南政權をへて隋唐、ひいては我が國にいたる傳統文化の變遷の實態を把握することが可能になると考えられるからである。こうした問題の解明を今後の課題としたい。

あとがき

本書の過半は二〇〇九年、『東晉南朝の國制に關する研究』と題して九州大學に提出した博士論文よりなっている（主査　川本芳昭先生、副査　坂上康俊先生、中島樂章先生、舩田善之先生）。提出した論文は、私の未熟さから甚だ漠然とした纏まりのないものとなってしまった。どうにか合格させていただいたが、審査をいただいた先生方には深く感謝を申し上げるしかない。

博士論文執筆までの私の研究は、首尾一貫した論理に組み立てられたとは言い難いものであった。その私が本書の刋行を思い立ったのは、恩師である川本芳昭先生が九州大學におられる間にそれを一つの形にすることは、長く學恩を受けてきた者として得がたい機會であろうと考えたからである。ただ内容は未熟なものであるし、またこうしたものを刋行してくれる書店もないと思われたが、幸いにも汲古書院が引き受けて下さった。

刋行の段階で比較的まとまっている天下觀に關する部分に新稿をくわえて出版しようかとも考えた。しかし、それのみでは私がこれまで考えてきたことのある部分しか傳えられず、また未熟なりに本書で示したような構成である種のまとまりを持っているとも思われたのでこうした形をとることにした。今後、自らの研究がさらに展開していけば、最早そうした纏め方は不可能になるであろうと考えられることも理由の一つである。ただ、終章において指摘した今後の課題は未だ十分に展開できておらず、この方面の研究のさらなる深化をおこなう必要性を感じている。

振り返って收載した諸論考をみるとき、研究を始めた當初から成果らしい成果をあげていない自らの菲才を今更のように思い知り、また時のたつことの早さに感慨を禁じ得ない。私が卒業論文のテーマとしたのは、本書第一編第一章に收載した南朝の民爵についてであった。これには學部在學中、そのご逝去とご業績が學術誌等で報じられていた越智重明先生、西嶋定生先生のご研究、および川本先生からご敎示いただいた朴漢濟先生の僑舊體制論、非常勤で九州大學にいらっしゃっていた野田俊昭先生の南朝官僚制研究、清木場東先生の『帝賜の構造　唐代財政史研究　支出編』（中國書店、一九九七年）から受けた影響に大きなものがあった。その後、テーマとしたのは、第二編に收載した天下觀についてである。民爵の論考で籍田儀禮をあつかった當初から、東アジア諸國による正統性の主張がどのようになされてきたのか、という素朴な疑問があったが、それが自ずと國家儀禮の問題へと關心を向けさせ、金子修一先生、平勢隆郎先生、渡邊信一郎先生のご研究に導かれ、六朝隋唐における僑民の土着化と傳統の創造に關する研究へと廣がっていった。

その間、右記の先生方をふくめた種々の論著から刺激をうけ、諸先生・學友からご敎示をいただく等、多くの學恩を受けつつ今日に至っている。とりわけ第二回中古史青年聯誼會が北京大學で開かれた折、佐川英治先生から第二編第二章の論考に好意的なコメントをいただいたことが印象に殘っている。その後、佐川先生には六朝隋唐の都城に關する科研のメンバーに加えていただいたのみならず、日本學術振興會特別研究員の受入敎官にもなっていただく等、非常に大きな學恩を享受している。

菲才の私がまがりなりにもこうした成果を發表できたのは、右記の先生方のみならず、濱田耕策先生、柴田篤先生、竹村則行先生、宮本一夫先生、靜永健先生、森平雅彦先生、辻田淳一郎先生などの九州大學の恩師の先生や、畑地正憲先生、紙屋正和先生、冨田健之先生、小林聰先生をはじめとする九州大學の東洋史學研究室ゆかりの諸先生、留學先である上海の華東師範大學で大變お世話になった牟發松先生、章義和先生、李磊氏、劉嘯氏、そして故郷の岡山をはなれて福岡で暮らしていた私を暖かく迎えてくれた九州大學の東洋史學研究室のメンバー、一九九七年度に入學し國文・中文・國史・圖書館・博物館の第一線で活躍している畏友の方々、研究を始めてから知遇を得ることのできた同窗の方々、東京に轉居してからお世話になっている研究者の方々のお陰である。深い感謝の氣持ちを表したい。また、本書の出版にあたりご盡力いただいた汲古書院の石坂叡志社長と小林詔子女史に改めて厚くお禮申し上げたい。

川本先生は常々、十年先をみて大きな研究をするようおっしゃっているが、本書の上梓をへて朧氣ではあるがそれが自分なりに理解できるようになった氣がする。今後も研究に勵んでいこうと氣持ちを新たにしている。最後に高校卒業後、福岡、上海、東京とつねに故鄉にいない私に口を挾むことなく、自由な生き方を選ばせてくれた家族に心より感謝したい。

（本書は平成二十四年度科研費助成事業・特別研究員奬勵費による成果の一部である。）

二〇一四年八月

戶川貴行

初出一覧

本書を構成する諸章の原題と初出は以下のとおりである。なお、本書は筆者の博士論文である『東晉南朝の國制に關する研究』（九州大學、二〇〇九年）をもとに、その後、發表した拙稿を追加し、加筆・修正を施したものである。

第一編

第一章「魏晉南朝の民爵賜與について」（『九州大學東洋史論集』第三〇號、二〇〇二年）

第二章「東晉宋初的五等爵——以五等爵與民爵的關係爲中心——」（『中國中古史研究』第一號、中華書局、二〇一一年二月）

第三章「劉宋孝武帝の戶籍制度改革について」（『古代文化』第五九卷第一號、二〇〇七年）

第四章「東晉南朝の建康における華林園について——「詔獄」を中心としてみた——」（『東洋文化研究』第一五號、二〇一三年）

第二編

第一章「東晉南朝における天下觀について——王畿、神州の理解をめぐって——」（『六朝學術學會報』第一〇集、二〇〇九年）

第二章「劉宋孝武帝の禮制改革について——建康中心の天下觀との關連からみた——」（『九州大學東洋史論集』第三六號、二〇〇八年）

第三章「東晉南朝における建康の中心化と國家儀禮の整備について」（『七隈史學』第一三號、二〇一一年）

第四章「東晉南朝における傳統の創造について——樂曲編成を中心としてみた——」（『東方學』第一二二輯、二〇一一年）

索　引

ア行

新たな傳統　176, 196, 201, 205
衣冠禮樂　164
一吳兒　164
陰の方向　93
飲福酒　186, 188, 192
雩壇　198
永安　177, 178
永至　177, 178, 186, 187, 191
閱武儀禮　67, 69, 72
閱武堂・中堂　93, 104～108, 203
淵源論　188, 189, 196, 205
同じ皇帝が發給した文書　126
音階　176
音律　169, 176

カ行

化康　199
「夏」　187, 192, 193, 198
貨財の支給　19, 20
嘉至　177, 178, 185
歌曲・舞樂　176, 178
「雅」　187, 188, 191, 193, 195, 196, 198
雅・頌　182
肆夏　177, 178, 184～187, 192, 193
凱容　178, 185～187
樂人　176, 177, 180
樂器　165, 169, 176, 180, 184, 189, 193
（樂曲）淪滅　168, 176
漢簡　67, 82
漢制　140, 166, 167
還便殿　187, 192
規制・禁止　65, 66, 86, 87
貴族制　3～5, 7, 8, 33, 59, 87, 113, 157, 160, 161, 172, 196, 199
犧牲　190, 191
九夏　172, 187, 189, 195
九服　123, 124, 127, 146, 151, 154, 204
休成　177, 178, 187, 191, 192
宮懸　176
虛封　46, 52, 54～58, 89, 202
魚龍靡慢　168
御史中丞　103, 107, 113
「御刀」　100～103, 107, 113
鄉飲酒禮　11
鄉官　22, 34
僑舊體制　87, 208
饗神　173, 178
金石　169, 181
軍事改革　182
軍事關連の施設　93
軍事的負擔　74, 82
軍事的奉仕　11, 21, 22
軍旅　104, 180
軍禮・軍事關係(の)施設　93, 104, 107, 108, 112, 203
群臣出入　186, 188
經濟的負擔　66, 74
鷄籠山　124
迎神　177, 178, 185, 186, 188, 194

迎俎入　195
建章宮　152
乾豆　177, 178
玄冥　184, 185
固有祭事　186, 188
五夏　193
五帝　141～143
五禮　163, 164, 170, 172
吳簡　31, 67, 82
吳趨楚舞　168
後漢に關する記事　167, 169, 170, 172, 205
亢陽　139, 153, 154
江南出身者の軍事參加　48, 60
江南政權の正統性　139, 152
江南土着民の軍事參加　5
江南に立脚した國家　94
江南に立脚した制度・思想　5, 164, 168, 169, 172, 173, 205
江南に立脚した體制　58, 79, 80, 85, 108, 201, 203
江南の民歌　168
皇帝行　194
皇帝就酒東廂　178
皇帝初登壇　178, 186
皇帝入廟門　177, 178
皇帝入門　186, 188
皇帝の居所　123, 138, 170, 184
（郊祀歌）十九章　184, 197
降神　177
黃鍾箱笛　184
衡山　148, 150, 151, 204
「刼」　105, 106
「國鎭」　148, 150～152, 155, 204
國家儀禮の關連づけ　191, 195
國家の結集點　5, 108, 203

サ行

再審判　84, 93, 98, 104～108, 112, 203
財政支出と租稅免除　54, 80, 81
索虜の土地　151
山川(の)儀禮　191
山陵　123, 124, 170, 171
士庶　65, 67
士人層の支配　91, 92, 94
士籍　65, 66
四衞　145, 146, 155
四懸　193
四箱　181
私的性格　91, 111
七條徵發　17
實演・實見　166
酌獻飲福　195
朱明　184, 185
周への回歸　172, 189
十二雅　172, 187, 189, 190, 195, 196, 205
十二和　194, 195
純粹培養　8, 173
初獻　178, 185, 186, 191, 192
庶籍　65
正德　168, 176～178, 192
尙書左丞　103, 107, 113, 144, 164
昭夏　186, 187, 191～193
「韶」　191～193
鍾磬　169
晉陵郡　8, 59, 73, 74, 78, 86, 88
神京　162, 183
晨祼　199

進熟 167, 198
崇佛皇帝 190
正朔 164
西皓 184, 185
西顥 184
制局監 99～103, 107, 111, 203
青陽 184, 185
牲出入 186, 188
夕牲 167, 173, 185
赤縣 120, 135
籍注の冒稱 65, 67
籍田儀禮が復活 26, 30
籍田儀禮と民爵賜與 25, 26
籍田儀禮の儀式次第 22
籍田儀禮の施行狀況 23, 26
籍田儀禮の體系、秩序 27, 30
籍田儀禮を復活 25
石刻史料 122, 134, 136
浙西 85, 130
浙東 50
千里四方 118, 134
先進 3, 5, 160, 161, 196, 205
宣烈 178, 185～187, 191, 192
免役 65, 66, 76
牷雅 188～190
薦豆呈毛血 186, 188
租稅の復除 19, 20
楚囚 158
宗廟の儀式次第 167
送神 167, 173, 178, 186, 188, 191, 192, 195
送文舞出迎武舞入 195
蒼頭 111
俗樂 173

タ行

大成樂 198
大壯・大觀 188
大予 168, 176～178
對五胡戰 19
對北朝戰 18, 20, 29, 201
治康 199
（中原の傳統文化が）喪失、忘却 6, 197, 201, 206
中國全土 120, 121
調律 184
長楊宮 152
長樂宮 152
敕命刑獄 93, 94, 96, 107, 203
帝國的構造 195～197, 206
滌雅 188～190
徹俎 195
天柱山 150
奠玉帛 194
殿中將軍 102, 103, 107
土中 182, 183
東晉南朝の正統性 117, 118
東南の邊境 137, 151, 204
東揚州 117, 137, 152, 161
登歌（登哥） 166, 167, 173, 176～178, 184～186, 191～194

ナ行

南岳 147, 148, 150
南郊の儀式次第 167
二舞 193
納粟者 16

ハ行

燔柴 167
蕃國 145, 146, 155
蠻討伐 18, 71, 72, 80
淝水の戰い 45～47, 56, 176, 181, 202
未央宮 152
不殺生戒 190
武德・昭德 178
兵制改革 82
「邊境」 3, 6, 196, 205
邊境性 117, 138, 139
封禪 149, 150
北邊防御 93

マ行

民爵「五級」 14
民爵賜與の回數 12
民爵賜與の事例 12
民爵賜與の割合 12, 82, 90
民爵の效力 11, 30
民爵の等級と齒位 11
民爵の復活 5, 17, 20, 29, 202

ヤ行

遊宴 91, 92, 96～98, 103, 107

ラ行

鑾駕還宮 198, 199
六合山 147
領軍將軍 96, 99, 100, 112
禮學 160, 179
禮容 165, 168, 176, 189

ワ行

「和」 194, 196, 198

The Creation of Tradition
in
the Chin and Southern Dynasties

by

TOGAWA Takayuki

2015

KYUKO-SHOIN

TOKYO

著者紹介

戸川　貴行（とがわ　たかゆき）
1979年　岡山縣に生まれる
2009年　九州大學大學院博士號（文學）取得
現在　日本學術振興會特別研究員（PD）

主要論文

「東晉南朝における雅樂について――郊廟儀禮との關連からみた――」（『九州大學東洋史論集』第42號、2014年）
「僑民の土着化と文化の變容――『世説新語』を手がかりとしてみた――」（『東洋學報』第96卷第3號、2014年）
「東晉南朝における民間音樂の導入と尺度の關係について」（『東洋史研究』第73卷第4號、2015年）ほか

汲古叢書126

東晉南朝における傳統の創造

平成二十七年三月二十六日　發行

著　者　戸　川　貴　行
發行者　石　坂　叡　志
整版印刷　中台整版
日本フィニッシュ
モリモト印刷

發行所　汲　古　書　院
〒102-0072　東京都千代田區飯田橋二―五―四
電　話〇三（三二六五）九七六四
ＦＡＸ〇三（三二二二）一八四五

ISBN978-4-7629-6025-3　C3322

KYUKO-SHOIN, Co.,Ltd.　Tokyo

100	隋唐長安城の都市社会誌	妹尾　達彦著	未　刊
101	宋代政治構造研究	平田　茂樹著	13000円
102	青春群像－辛亥革命から五四運動へ－	小野　信爾著	13000円
103	近代中国の宗教・結社と権力	孫　　江著	12000円
104	唐令の基礎的研究	中村　裕一著	15000円
105	清朝前期のチベット仏教政策	池尻　陽子著	8000円
106	金田から南京へ－太平天国初期史研究－	菊池　秀明著	10000円
107	六朝政治社會史研究	中村　圭爾著	12000円
108	秦帝國の形成と地域	鶴間　和幸著	13000円
109	唐宋変革期の国家と社会	栗原　益男著	12000円
110	西魏・北周政権史の研究	前島　佳孝著	12000円
111	中華民国期江南地主制研究	夏井　春喜著	16000円
112	「満洲国」博物館事業の研究	大出　尚子著	8000円
113	明代遼東と朝鮮	荷見　守義著	12000円
114	宋代中国の統治と文書	小林　隆道著	14000円
115	第一次世界大戦期の中国民族運動	笠原十九司著	18000円
116	明清史散論	安野　省三著	11000円
117	大唐六典の唐令研究	中村　裕一著	11000円
118	秦漢律と文帝の刑法改革の研究	若江　賢三著	12000円
119	南朝貴族制研究	川合　　安著	10000円
120	秦漢官文書の基礎的研究	鷹取　祐司著	16000円
121	春秋時代の軍事と外交	小林　伸二著	13000円
122	唐代勲官制度の研究	速水　　大著	12000円
123	周代史の研究	豊田　　久著	近　刊
124	東アジア古代における諸民族と国家	川本　芳昭著	12000円
125	史記秦漢史の研究	藤田　勝久著	14000円
126	東晉南朝における傳統の創造	戸川　貴行著	6000円

（表示価格は2015年３月現在の本体価格）

67	宋代官僚社会史研究	衣川　強著	品　切
68	六朝江南地域史研究	中村　圭爾著	15000円
69	中国古代国家形成史論	太田　幸男著	11000円
70	宋代開封の研究	久保田和男著	10000円
71	四川省と近代中国	今井　駿著	17000円
72	近代中国の革命と秘密結社	孫　江著	15000円
73	近代中国と西洋国際社会	鈴木　智夫著	7000円
74	中国古代国家の形成と青銅兵器	下田　誠著	7500円
75	漢代の地方官吏と地域社会	髙村　武幸著	13000円
76	齊地の思想文化の展開と古代中國の形成	谷中　信一著	13500円
77	近代中国の中央と地方	金子　肇著	11000円
78	中国古代の律令と社会	池田　雄一著	15000円
79	中華世界の国家と民衆　上巻	小林　一美著	12000円
80	中華世界の国家と民衆　下巻	小林　一美著	12000円
81	近代満洲の開発と移民	荒武　達朗著	10000円
82	清代中国南部の社会変容と太平天国	菊池　秀明著	9000円
83	宋代中國科擧社會の研究	近藤　一成著	12000円
84	漢代国家統治の構造と展開	小嶋　茂稔著	10000円
85	中国古代国家と社会システム	藤田　勝久著	13000円
86	清朝支配と貨幣政策	上田　裕之著	11000円
87	清初対モンゴル政策史の研究	楠木　賢道著	8000円
88	秦漢律令研究	廣瀬　薫雄著	11000円
89	宋元郷村社会史論	伊藤　正彦著	10000円
90	清末のキリスト教と国際関係	佐藤　公彦著	12000円
91	中國古代の財政と國家	渡辺信一郎著	14000円
92	中国古代貨幣経済史研究	柿沼　陽平著	13000円
93	戦争と華僑	菊池　一隆著	12000円
94	宋代の水利政策と地域社会	小野　泰著	9000円
95	清代経済政策史の研究	黨　武彦著	11000円
96	春秋戦国時代青銅貨幣の生成と展開	江村　治樹著	15000円
97	孫文・辛亥革命と日本人	久保田文次著	20000円
98	明清食糧騒擾研究	堀地　明著	11000円
99	明清中国の経済構造	足立　啓二著	13000円

34	周代国制の研究	松井　嘉徳著	9000円
35	清代財政史研究	山本　進著	7000円
36	明代郷村の紛争と秩序	中島　楽章著	10000円
37	明清時代華南地域史研究	松田　吉郎著	15000円
38	明清官僚制の研究	和田　正広著	22000円
39	唐末五代変革期の政治と経済	堀　敏一著	12000円
40	唐史論攷－氏族制と均田制－	池田　温著	18000円
41	清末日中関係史の研究	菅野　正著	8000円
42	宋代中国の法制と社会	高橋　芳郎著	8000円
43	中華民国期農村土地行政史の研究	笹川　裕史著	8000円
44	五四運動在日本	小野　信爾著	8000円
45	清代徽州地域社会史研究	熊　遠報著	8500円
46	明治前期日中学術交流の研究	陳　捷著	品　切
47	明代軍政史研究	奥山　憲夫著	8000円
48	隋唐王言の研究	中村　裕一著	10000円
49	建国大学の研究	山根　幸夫著	品　切
50	魏晋南北朝官僚制研究	窪添　慶文著	14000円
51	「対支文化事業」の研究	阿部　洋著	22000円
52	華中農村経済と近代化	弁納　才一著	9000円
53	元代知識人と地域社会	森田　憲司著	9000円
54	王権の確立と授受	大原　良通著	品　切
55	北京遷都の研究	新宮　学著	品　切
56	唐令逸文の研究	中村　裕一著	17000円
57	近代中国の地方自治と明治日本	黄　東蘭著	11000円
58	徽州商人の研究	臼井佐知子著	10000円
59	清代中日学術交流の研究	王　宝平著	11000円
60	漢代儒教の史的研究	福井　重雅著	12000円
61	大業雑記の研究	中村　裕一著	14000円
62	中国古代国家と郡県社会	藤田　勝久著	12000円
63	近代中国の農村経済と地主制	小島　淑男著	7000円
64	東アジア世界の形成－中国と周辺国家	堀　敏一著	7000円
65	蒙地奉上－「満州国」の土地政策－	広川　佐保著	8000円
66	西域出土文物の基礎的研究	張　娜麗著	10000円

汲古叢書

1	秦漢財政収入の研究	山田　勝芳著	本体 16505円
2	宋代税政史研究	島居　一康著	12621円
3	中国近代製糸業史の研究	曾田　三郎著	12621円
4	明清華北定期市の研究	山根　幸夫著	7282円
5	明清史論集	中山　八郎著	12621円
6	明朝専制支配の史的構造	檀上　寛著	13592円
7	唐代両税法研究	船越　泰次著	12621円
8	中国小説史研究－水滸伝を中心として－	中鉢　雅量著	品　切
9	唐宋変革期農業社会史研究	大澤　正昭著	8500円
10	中国古代の家と集落	堀　敏一著	品　切
11	元代江南政治社会史研究	植松　正著	13000円
12	明代建文朝史の研究	川越　泰博著	13000円
13	司馬遷の研究	佐藤　武敏著	12000円
14	唐の北方問題と国際秩序	石見　清裕著	品　切
15	宋代兵制史の研究	小岩井弘光著	10000円
16	魏晋南北朝時代の民族問題	川本　芳昭著	品　切
17	秦漢税役体系の研究	重近　啓樹著	8000円
18	清代農業商業化の研究	田尻　利著	9000円
19	明代異国情報の研究	川越　泰博著	5000円
20	明清江南市鎮社会史研究	川勝　守著	15000円
21	漢魏晋史の研究	多田　狷介著	品　切
22	春秋戦国秦漢時代出土文字資料の研究	江村　治樹著	品　切
23	明王朝中央統治機構の研究	阪倉　篤秀著	7000円
24	漢帝国の成立と劉邦集団	李　開元著	9000円
25	宋元仏教文化史研究	竺沙　雅章著	品　切
26	アヘン貿易論争－イギリスと中国－	新村　容子著	品　切
27	明末の流賊反乱と地域社会	吉尾　寛著	10000円
28	宋代の皇帝権力と士大夫政治	王　瑞来著	12000円
29	明代北辺防衛体制の研究	松本　隆晴著	6500円
30	中国工業合作運動史の研究	菊池　一隆著	15000円
31	漢代都市機構の研究	佐原　康夫著	13000円
32	中国近代江南の地主制研究	夏井　春喜著	20000円
33	中国古代の聚落と地方行政	池田　雄一著	15000円